电子商务实务

实训指导手册

平文英　张世荣　主编

经济管理出版社
ECONOMY & MANAGEMENT PUBLISHING HOUSE

图书在版编目（CIP）数据

电子商务实务实训指导手册/平文英，张世荣主编. —北京：经济管理出版社，2014.6
ISBN 978-7-5096-3185-0

Ⅰ.①电…　Ⅱ.①平…②张…　Ⅲ.①电子商务—中等专业学校—教学参考资料　Ⅳ.①F713.36

中国版本图书馆 CIP 数据核字（2014）第 143290 号

组稿编辑：魏晨红
责任编辑：魏晨红
责任印制：黄章平
责任校对：张　青

出版发行：经济管理出版社
　　　　　（北京市海淀区北蜂窝 8 号中雅大厦 A 座 11 层　100038）
网　　址：www.E-mp.com.cn
电　　话：（010）51915602
印　　刷：北京九州迅驰传媒文化有限公司
经　　销：新华书店
开　　本：889mm×1194mm/16
印　　张：7.75
字　　数：112 千字
版　　次：2014 年 6 月第 1 版　2014 年 6 月第 1 次印刷
书　　号：ISBN 978-7-5096-3185-0
定　　价：25.00 元

国家级中等职业改革示范校系列教材
编 委 会

序

为深入推进国家中等职业教育改革发展示范学校建设，努力适应经济社会快速发展和中等职业学校课程教学改革的需要，贵州省商业学校作为"国家中等职业教育改革发展示范学校建设计划"第二批立项建设学校，按照"市场需求，能力为本，工学结合，服务三产"的要求，针对当前中职教材建设和教学改革需要，在广泛调研、吸纳各地中职教育教研成果的基础上，经过认真讨论，多次修改，我们编写了这套系列教材。

这套系列教材内容涵盖"电子商务"、"酒店服务与管理"、"会计电算化"、"室内艺术设计与制作"4个中央财政重点支持专业及德育实验基地特色项目建设有关内容，包括《基础会计》、《财务会计》、《成本会计》、《会计电算化》、《电子商务实务》、《网络营销实务》、《电子商务网站建设》、《商品管理实务》、《餐厅服务实务》、《客房服务实务》、《前厅服务实务》、《AutoCAD室内设计应用》、《3Ds Max室内设计与应用》、《室内装饰施工工艺与结构》、《室内装饰设计》、《贵州革命故事人物选》、《多彩贵州民族文化》、《青少年犯罪案例汇编》、《学生安全常识与教育》共19本教材。这套教材针对性强，学科特色突出，集中反映了我校国家改革示范学校的建设成果，融实用性与创新性、综合性与灵活性、严谨性与趣味性为一体，便于学生理解、掌握和实践。

编写这套系列教材，是建设国家示范学校的需要，是促进我校办学规范化、现代化和信息化发展的需要，是全面提高教学质量、教育水平、综合管理能力的需要，是学校建设职业教育改革创新示范、提高质量示范和办出特色示范的需要。这套教材紧密结合贵州省经济社会发展状况，弥补了国家教材在展现综合性、实践性与特色教学方面的不足，在中职学校中起到了示范、引领和辐射作用。

前　言

　　《电子商务实务实训指导手册》是中等职业学校电子商务专业必修课程的实训指导手册。计算机技术、网络技术、通信技术的飞速发展使得商务活动发生了根本性变化。网上购物、网上支付、网上交易等发生在我们身边的电子商务已经成为现代生活不可或缺的一部分。《电子商务实务实训指导手册》是由贵州省商业学校经济管理教研室结合本校学生的实际综合水平与其他同类实训指导书的优点，通过任课老师的经验总结编写而成，是一本适应广大中职学生接受能力的教材。

　　为了更好地满足教学需求，达到教学的目的，本书以实用性与操作性为原则，学生在老师的带动下进行实训，了解需要解决的问题，带着问题学习知识，这样基础知识的讲解就可以做到有的放矢、不空谈，把抽象化为实训，使难点变得更加容易理解。另外，本书不仅介绍了相关的电子商务知识，而且还为电子商务专业学生提升操作技能提供了参照方法，可以让电子商务专业的学生按照本书提供的方法进行实战强化训练。

　　本书就是为电子商务专业学生量身打造的，是电子商务专业学生的工作指南和提升自身业务技能、提高个人素质的工具书。

　　本书由平文英、张世荣主编；黄贵春、王璐副主编；刘翀、兰岚、刘宁参编。由于编者水平有限，难免有错误之处，敬请读者批评指正。

编者

2014 年 3 月

目　录

项目一

B2C 电子商务

一、训练目标

通过流程实验让学生熟悉、了解 B2C 流程的各环节和角色岗位职责，掌握网上商城产品管理、商城营销手段、订单管理等知识点，让学生亲自动手尝试形成对目前 B2C 主流营销手段的了解，便于学生毕业后进入相关企业适应市场活动策划、网络运营策划、产品经理、售前服务等工作岗位。

项目任务书

任务名称	B2C 电子商务	任务编号		时间要求	
要求	\multicolumn{5}{l}{1. 以 3~5 人为小组分别在淘宝、京东商城、亚马逊及当当网进行购物体验，熟悉其运行模式}
	\multicolumn{5}{l}{2. 以 5~10 人为一组，合理分配角色，利用相关软件，分别模拟商场、消费者、物流、银行完成 B2C 业务流程各环节的工作内容}
	\multicolumn{5}{l}{3. 提高团队合作能力、提高网上购物等专业技能}
重点培养的能力	\multicolumn{5}{l}{资料查找能力、资料分析能力、团队合作能力、写作能力、沟通能力}
涉及知识	\multicolumn{5}{l}{B2C 流程的各环节和角色岗位职责，网上商城产品管理、商城营销手段、订单管理等}
教学地点	教室、机房	参考资料			
教学设备	\multicolumn{5}{l}{投影设备、投影幕布、能上网的电脑}

训练内容

1. 听教师讲解案例及相关的知识（时间约　　分钟）

2. 制订工作计划，了解团队要做什么，要达到什么样的目的（时间约　　分钟）；组长进行分工安排，每个人在自己的项目任务书相应栏进行记录（时间为　　分钟），组员开始行动

3. 资料查找分析：资料查找（时间约　　分钟），分析讨论（时间约　　分钟）；得出结论；撰写分析报告（填写任务产出表）（时间约　　分钟）

4. 进行购物体验，模拟完成 B2C 业务流程（时间约　　分钟），分析讨论（时间约　　分钟）；得出结论；撰写分析报告（填写任务产出表）（时间约　　分钟）

训练要求

在完成任务的过程中能自主学习并掌握网上购物、网络平台选择有关知识；能够在规定的时间内完成相关的资料查找、整理、分析任务；能够在规定的时间内撰写出分析报告；团队制订工作方案，工作有成效（能够进行很好的时间管理），团队合作较好

成果要求及评价标准

成果要求：需提交下列书面文件
　　1. 本项目组成员分工的情况
　　2. 本项目组提交设立专门网站的流程图
　　3. 本项目组提交设立专门网站和利用其他网站作为网络购物平台的比较分析报告

评价标准：
　　1. 正确提交设立专门网站作为购物平台的流程图，找出各网络平台的特点并根据其特点合理选择适当的网络平台，分析报告质量优
　　2. 能提交设立专门网站为购物平台的流程图并选择合适的网络平台，分析报告质量良
　　3. 分析报告合理但依据不充分的，分析报告质量合格
　　4. 选择不合理、分析不正确的，分析报告质量差

符合上述标准1，成绩为优秀，可得90~100分；符合标准2，成绩为良好，可得70~80分；符合标准3，成绩及格，可得60~70分；符合标准4，成绩为不及格，得分60分以下；介于这几种标准之间的，可酌情增减分

		成　员	学　号	分　工
任务产出一	成员姓名与分工	组　长		
		成员1		
		成员2		
		成员3		
		成员4		
		成员5		
		成员6		

	就各网络平台的特点、运行模式等方面进行讨论，提交各网络平台的比较分析图			
		淘宝天猫商城	京东商城	卓越亚马逊	当当网
任务产出二	网址				
	建立时间				
	主要商品类别				
	购物流程				
	交流工具				
	支付方式				
	售后服务种类				

项目组评价		总分	
教师评价			

二、项目概要

1. 项目情景

杭州沃儿购物广场（商场角色）在网上发布了一些数码相机的营销信息。李强（消费者角色）想购买一部照相机，在网上商城看到了杭州沃儿购物广场出售的数码相机，于是就向杭州沃儿购物广场下了订单并付了款，选择上海中铁物流有限公司为其发送快递等一系列的操作，成功与杭州沃儿购物广场进行了交易。下面就让我们来认真了解李强在杭州沃儿购物广场购买数码相机的整个 B2C 交易流程。

2. 项目设置

涉及角色：商场、消费者、物流、银行。

涉及平台：网上商城。

网上商城：网上商城是 B2C 交易中访问更集中、常见的销售平台。如图 1-1 所示。

图 1-1　B2C 流程

任务1　注册与基础设置

任务指导

1. 角色注册

（1）消费者角色。

消费者 A：选择消费者角色，进入网上购物商城，单击"新用户注册"，根据页面提示填写个人信息。如图 1-2 所示。

图 1-2　"新用户注册"页面

（2）物流角色。

物流：需要配送服务的企业用户登录到物流配送平台时，才可以查看选择用户的物流公司，向物流公司发送配送请求。

2. 银行账户服务

（1）开立个人账户。

消费者 A：李强申请开立个人账户，开通个人银行的相关服务功能，点击【消费者->登录->柜台业务->储蓄业务->开立账户】。如图 1-3 所示。

温馨提示：请牢记开立银行账户时填写的密码。

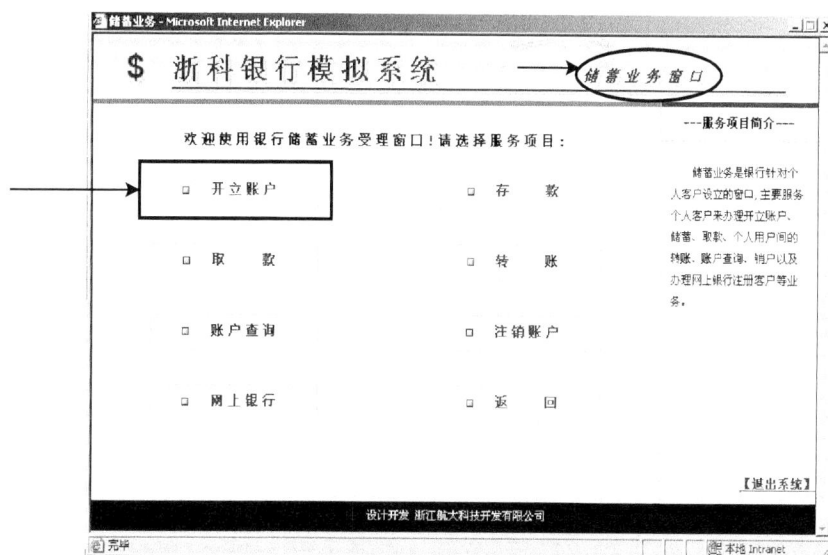

图 1-3　开立个人账户页面

银行：银行为李强开通银行账户，点击【登录->柜台业务->储蓄业务->开户->处理】。

消费者 A：李强往个人账户内存款，点击【柜台业务->储蓄业务->存款（请根据实际情况进行充值）->提交】。

银行：银行为李强的存款操作进行处理，点击【储蓄业务->存款->处理】。如图 1-4 所示。

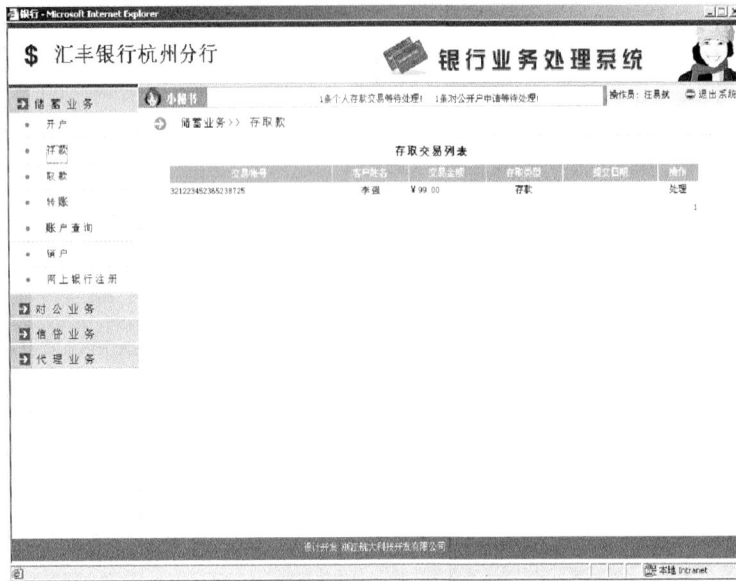

图 1-4　存款页面

（2）开通网上银行。

消费者 A：李强申请开通网上银行业务，点击【网上银行->填写信息->提交】，完成申请网银。如图 1-5 所示。

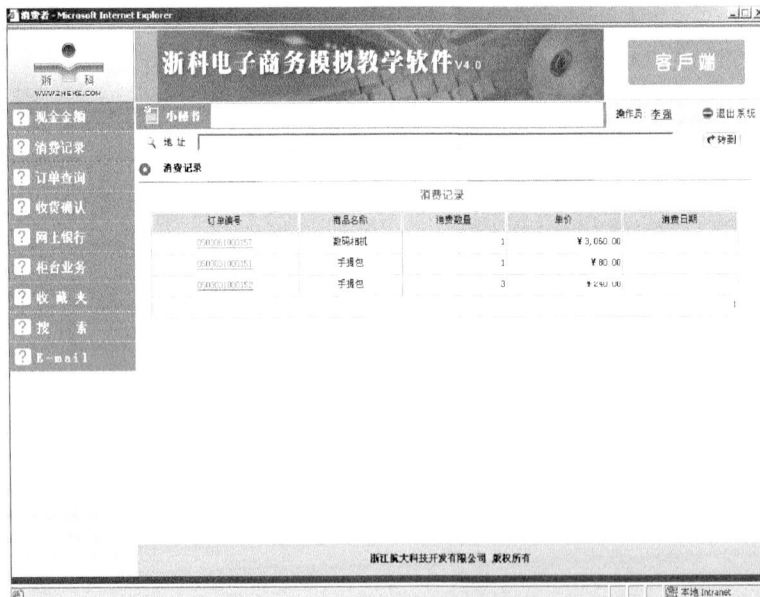

图 1-5　申请开通网上银行页面

银行：为李强开通网上银行功能。点击【储蓄业务->网上银行->处理】，如图1-6所示。

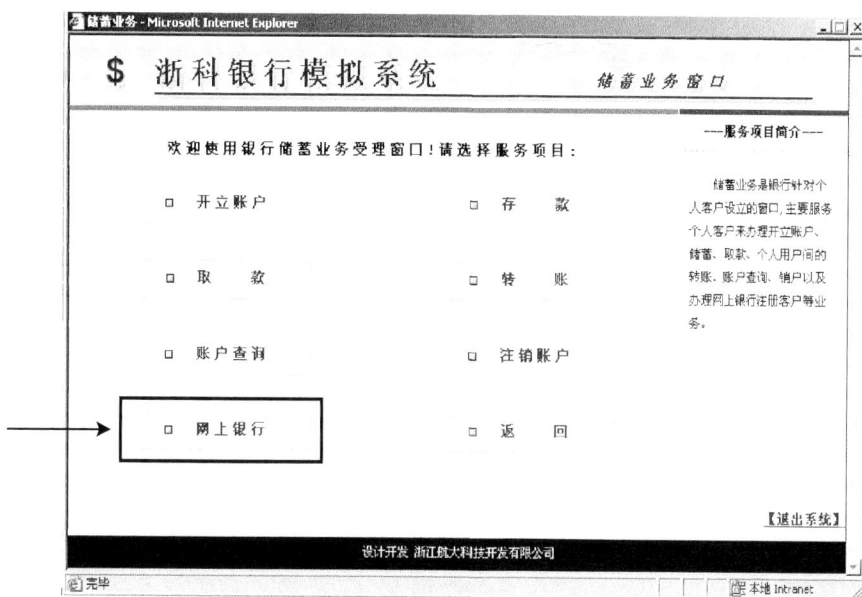

图 1-6　开通网上银行页面

（3）个人 CA 证书下载。

消费者 A：李强要想正常使用网上银行的相关功能，还需要下载个人 CA 证书。点击【网上银行->个人网上银行->个人证书下载】完成个人 CA 证书的下载，步骤可参照 B2B 中厂家角色相关流程的操作介绍。

任务训练

案例情景：VANCL 凡客诚品

"凡客诚品"已经是大家耳熟能详的品牌了。2007 年 10 月，创始人陈年选择自有品牌网上销售的商业模式，发布 VANCL 凡客诚品。短短两三年的时间，凡客诚品的广告遍布互联网，服装的质量和服务也是被人交口称赞，品牌在年轻群体中影响很大。目前，凡客诚品已经跻身中国网上 B2C 领域收入规模的前几位。其所取得的成绩，不但被视为电子商务行业的一个创新，更被传统服装业称为奇迹。

作为一个成功的销售网站，VANCL 的基本商业模式是：B2C 项目，采用网络直销模式。其实，服装电子商务已有 10 多年的发展历史，之前一直不温不火，2007~2008 年，中国服装电子商务步入爆发式增长时期，服装服饰也成为网购的第一大类商品，跃居各类商品交易额的首位。而 VANCL 借着这一股"东风"迅速崛起。其实在服装 B2C 这个行业，VANCL 并不是最先进军市场的一家，在 VANCL 之前已有 PPG 等网站抢占先机，但是在短短两年里，VANCL 却逐渐取代了 PPG 的位置，成为服装 B2C 行业的第一。VANCL 不仅是一家互联网公司、服装品牌公司，也是一家技术公司。据介绍，目前 VANCL 的技术研发主要针对的是前台页面展示、购物流程优化、订单处理、库房物流管理、呼叫中心管理等众多板块。各个板块通过技术改进，能有效实现产品、市场、仓储、物流、财务等公司核心部门间的统一协作，提高运营效率。

【案例思考】

1. 试分析"凡客诚品"能够快速成功的原因。

2. 通过此案例，结合"凡客诚品"，谈谈它的直销模式是否还有待提高？提出你的意见和建议。

任务 2 商场发布商品信息

任务指导

1. 商场后台管理

（1）注册网上商城商场账号。

商场：杭州沃儿购物广场在网上商城注册一个商家账号，点击【网络访问->网上购物商城->新用户注册->确定】。

温馨提示：用户可以选择是否开设自己的商铺。如图 1-7、图 1-8 所示。

图 1-7 注册网上商城页面

图 1-8 "网上购物商城"页面

商场：杭州沃儿购物广场在网上商城注册完成后，登录进入商家后台管理，点击【网上商城->商家入口->登录】。如图 1-9 所示。

图 1-9 "商家后台管理登录"页面

（2）商品管理。

商场：商家用户通过"网站后台"可以灵活地制定销售策略，管理发布的产品，创建自己的商铺，在自己的店铺上添加展示商品、发布商品信息。点击【商品管理->添加->选择商品->保存】。如图 1-10 所示。

温馨提示：每一种商品都不能重复添加，但是可以把商品撤销发布后再重新发布。

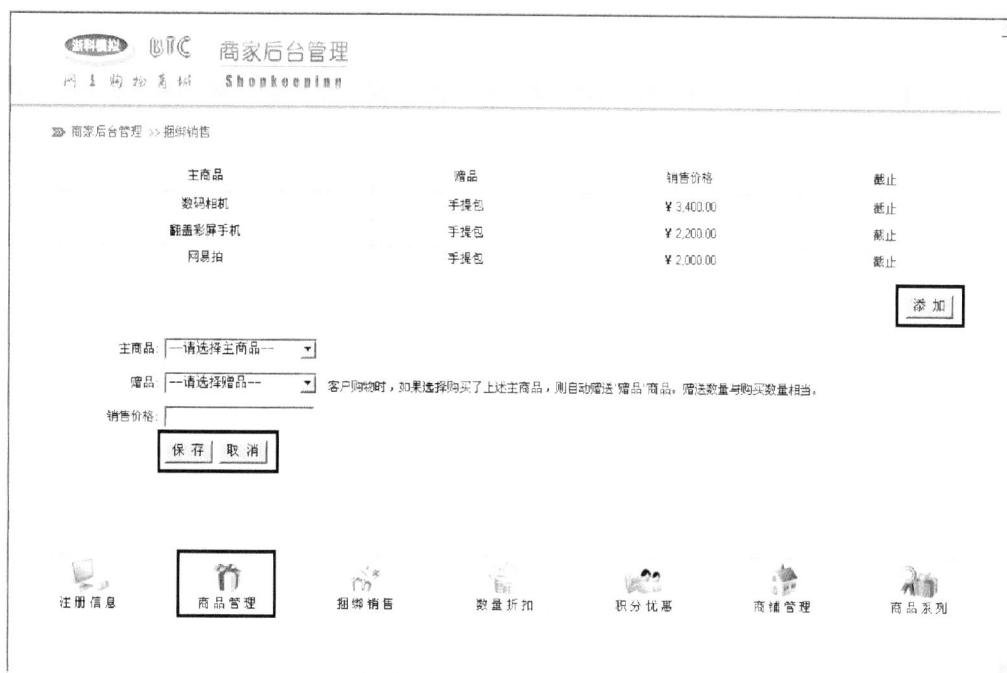

图1-10　"商家后台管理"页面

商场：如果杭州沃儿购物广场认为某些商品无须再在店铺上展示，可以对该商品撤销展示。点击【商品管理->撤销】。

温馨提示：撤销了的商品，还可以将它重新发布在店铺上。点击【商品管理->发布】重新发布商品。

商场：杭州沃儿购物广场还可以对一些不再出售的产品进行删除，先将产品撤销发布再删除。点击【商品管理->撤销->删除】。

（3）数量折扣。

商场：杭州沃儿购物广场为了提高商品的销售量，对部分产品进行了打折处理。点击【数量折扣->添加->选择商品，填写信息->保存】。如图1-11所示。

温馨提示：对于添加的打折商品还可以对折扣数量和折数进行修改，也可以直接截止该促销活动。

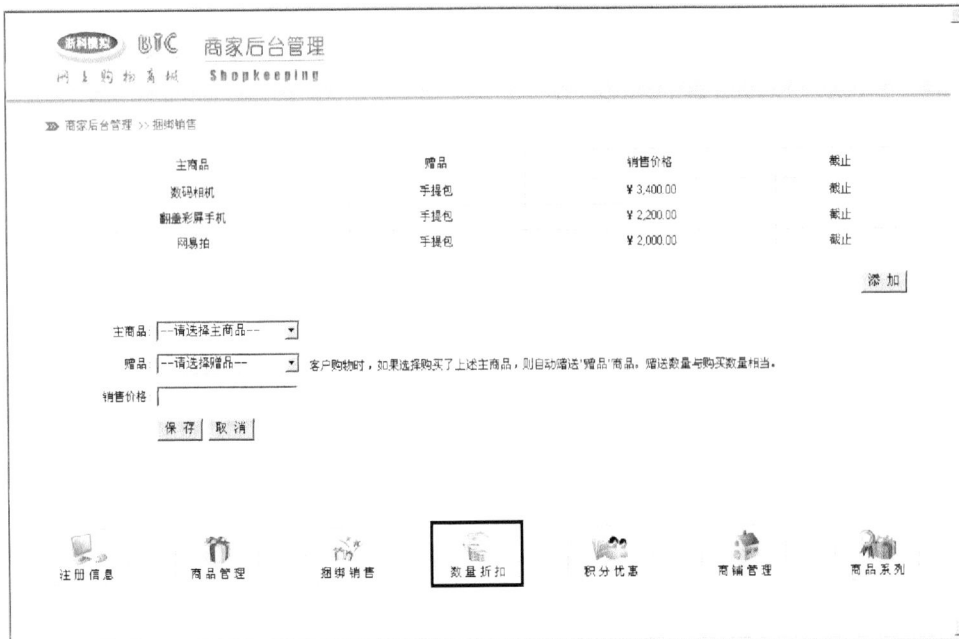

图 1-11　数量折扣页面

（4）商铺管理。

商场：杭州沃儿购物广场修改网上商城商铺信息，有利于客户了解您的商铺，选择您的产品。点击【商铺管理->填写商铺介绍->选择商铺类别->保存】。如图 1-12 所示。

图 1-12　商铺管理页面

（5）积分优惠。

商场：杭州沃儿购物广场增加积分折扣促销活动，点击【积分优惠->添加->选择商品，填写信息->保存】。如图 1-13 所示。

温馨提示：折扣数是大于 0 而小于 10 的整数。

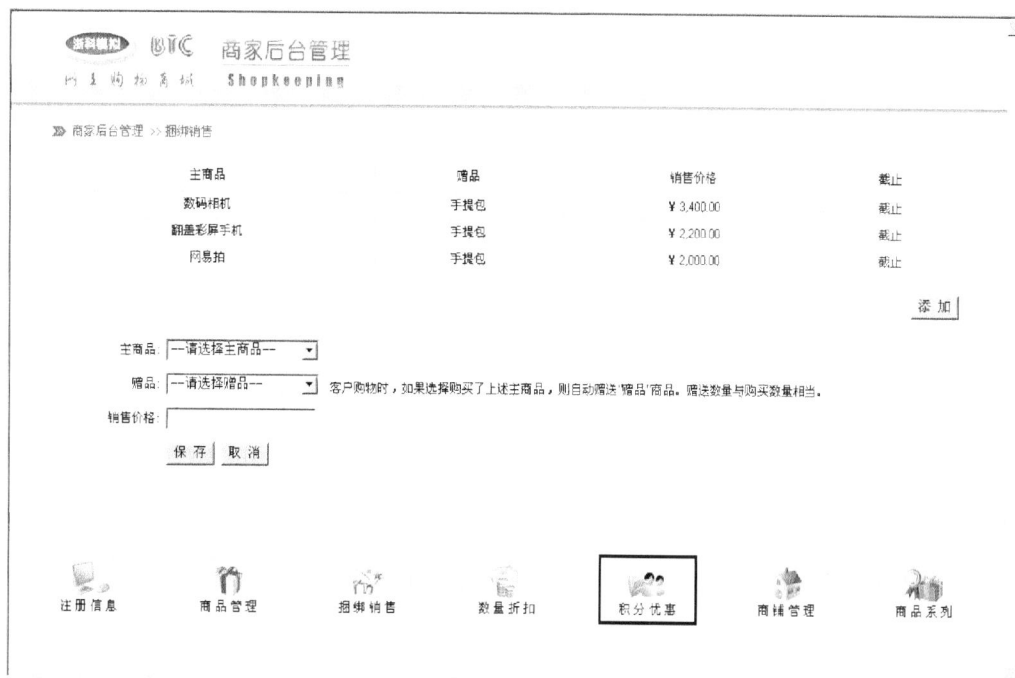

图 1-13 积分优惠页面

（6）捆绑销售。

商场：杭州沃儿购物广场通过将公司的热门产品与淡季产品捆绑在一起降价销售，提高商品的销售量，增大公司的利润率。点击【捆绑销售->添加->选择商品，填写信息->保存】。如图 1-14 所示。

温馨提示：用户在折扣价格上填写了多少，则消费者在购买此商品时就优惠了多少。

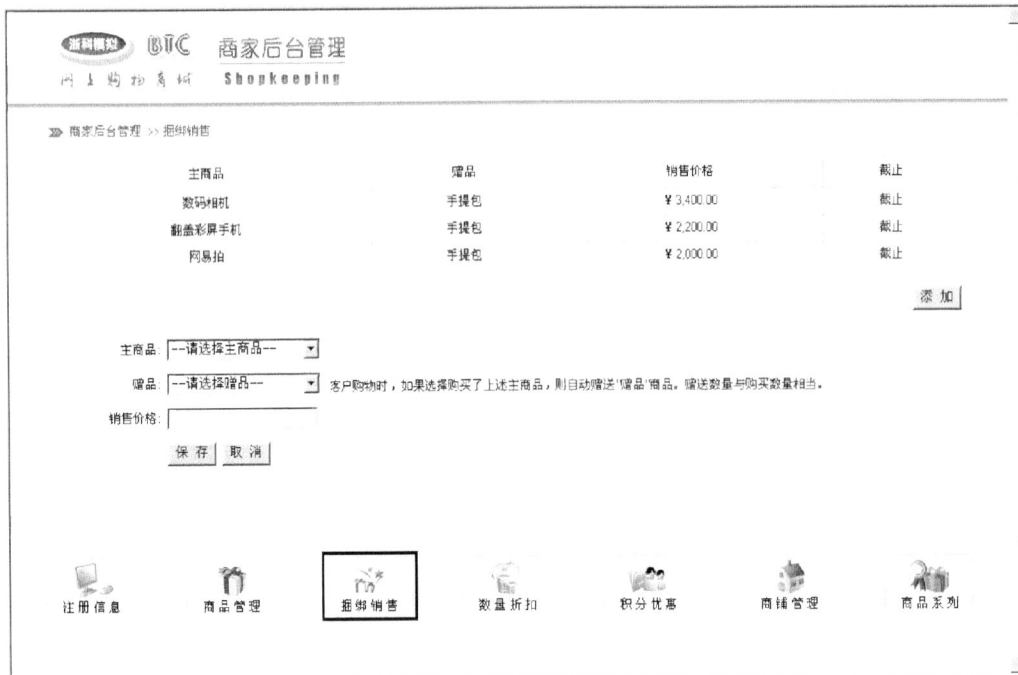

图 1-14 "捆绑销售"页面

2. 发布商品信息

商场：杭州沃儿购物广场建好商铺后，在公司网页上发布商品。

温馨提示：杭州沃儿购物广场要想在公司网页上发布商品，必须要先拥有自己的产品，可以通过实践 B2C 进行采购产品。

任务训练

案例情景： 京东商城

自 2004 年初正式涉足电子商务领域以来，京东商城成为中国最大的综合网络零售商，是中国电子商务领域最受消费者欢迎和最具有影响力的电子商务网站之一，在线销售家电、数码通信、电脑、家居百货、服装服饰、母婴、图书、食品、在线旅游等十二大类数万个品牌百万种优质商品。近年来，京东商城有三次融资。2007 年，京东商城获得了来自今日资本千万美元的融资。2008 年底，今日资本、雄牛资本以及亚洲著名投资银行家梁伯韬先生私人公司共计 2100 万美元的联合注资，为京东商城的高速发展提供了资金保障。2010 年初，京东商城获得老虎环球基金领投的总金额超过 1.5 亿美元的第三轮融资。这是金融危机发生以来中国互联网市场金额最大的一笔融资。京东商城的页面如图 1-15 所示。

图 1-15　京东商城的页面

　　京东商城作为中国最大的综合型网络零售网站，始终以"做中国最大，全球前五强电子商务公司"为企业目标，"让购物变得简单、快乐！"为企业使命，"诚信，客户为先，激情超越，学习，团队精神，杜绝浪费"为企业价值观，发展成为一个百亿规模的大型专业 3C 网络购物平台。京东商城的目标用户群体，主要是计算机、通信、消费类电子产品的主流消费人群，年龄一般在 20~35 岁，包括在校大学生、公司白领、公务人员和其他网络爱好者。京东商城提供了灵活多样的商品展示空间，消费者查询、购物都将不受时间和地域的限制。依托多年打造的庞大物流体系，消费者充分享受了"足不出户，坐享其成"的便捷。目前，分布在华北、华东、华南、西南的四大物流中心覆盖了全国各大城市。2009 年 3 月，京东商城成立了自有快递公司，物流配送速度、服务质量得以全面提升。京东商城在为消费者提供正品行货、机打发票、售后服务的同时，还推出了"价格保护"、"延保服务"等举措，最大限度地解决消费者的后顾之忧，保护消费者的利益。京东商城用自身的诚信理念为中国电子商务企业树立了诚信经营的榜样。

【案例思考】

1. 京东商城商务模式成功的因素是什么？

2. 京东商城的服务体系是什么？

任务 3 消费者购买商品

任务指导

1. 消费者后台管理

消费者李强在网上商城注册自己的个人账户，点击【网上商城->新用户注册->提交->确定】完成注册。如图 1–16 所示。

图 1–16 新用户注册页面

后台登录后，李强要首先确认自己的资料是否正确。

李强通过分类浏览、商品搜索、热门类别查看等方式查找到自己想要购买的商品，还可以进入相关的店铺查看更多该商家的商品。如图 1–17 所示。

搜索商品
全部商品
--请选择商品类别--
商品搜索

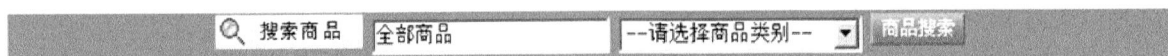

图 1-17　搜索商品栏

李强还可以查看到自己已经成功购买的商品，并再次购买。点击【网上商城->购物车】，查看已购商品信息。

2. 消费者购买商品

消费者李强在网上商城查看各种商品信息，最终选择购买了杭州沃儿购物广场的数码相机。点击【网上商城->我的购物车->去收银台】。如图 1-18 所示。

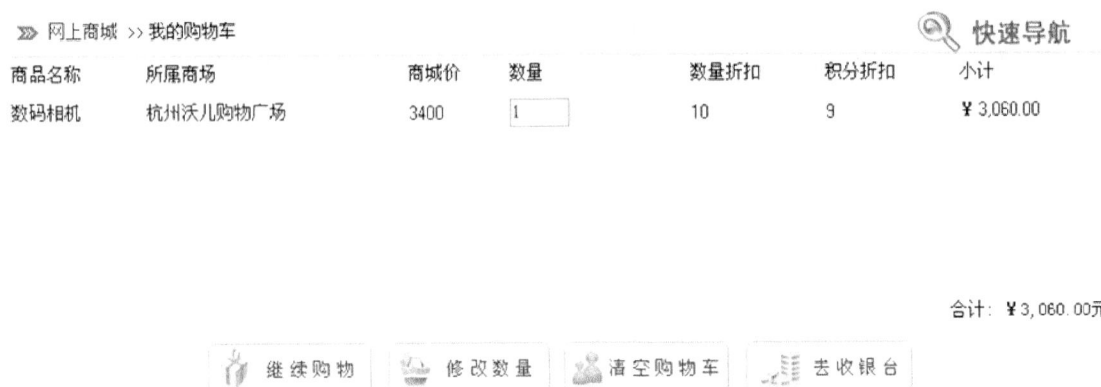

网上商城 >> 我的购物车
快速导航
商品名称 所属商场 商城价 数量 数量折扣 积分折扣 小计
数码相机 杭州沃儿购物广场 3400 1 10 9 ¥3,060.00
合计：¥3,060.00元
继续购物
修改数量
清空购物车
去收银台

图 1-18　我的购物车页面

3. 网上支付

消费者李强购买商品后，使用在线支付方式支付货款和运费。在消费者确认生成订单后，订单生成成功。为了让商家尽快处理消费者的订单，需要单击“马上支付”按钮，进入网上银行在线支付页面，在经过了网上支付并支付成功的流程之后，本次网上购物消费者端的流程就告一段落了。

温馨提示：在进入购物车的页面时，李强可以对已经下订单的商品变更购买的数量和删除商品等操作。

任务训练

案例情景

西门子公司 80 周年庆典，需要几百棵圣诞树，于是其在网上发布了需求信息，泉州一家乡镇企业在互联网上看到了这则消息，并通过网络与西门子公司联系。6 天后，该乡镇企业就为西门子公司提供了所需的圣诞树。现在西门子公司每年的圣诞树都从泉州这家乡镇企业订购。

【案例思考】

1. 结合案例，试分析泉州这家乡镇企业能成功抓住这次"商机"的原因。

2. 与传统商务相比，请谈一谈对电子商务的定义和特点有哪些新的理解。

任务4 商场订单处理及物流公司运输货物

任务指导

1. 商场订单处理

杭州沃儿购物广场收到来自李强的订单，点击【商场->销售管理->订单管理->新订单->查看->处理】处理订单，配送的过程和 B2B 相同。如图 1-19、图 1-20 所示。

图 1-19 商场收到订单页面

查看: **新订单** **历史订单**

订单编号	收货人	下单日期	联系电话	详细信息
0503101000164	李强		0571-89564213	查看
0503101000163	李强		0571-89564213	**查看**
0503081000162	易意		0571-89564213	查看
0503071000159	易意		0571-89564213	查看
0503071000158	易意		0571-89564213	查看
0503041000156	易意		0571-89564213	查看

1

图 1-20 新订单页面

2. 物流公司运输货物

（1）上海中铁物流有限公司在接收到杭州沃儿购物广场的货物运输的请求后，立即受理了配送单。点击【订单管理->未受理配送单->受理->确定】。

（2）在同意受理配送运输后，上海中铁物流有限公司就立刻组织了车辆发往杭州沃儿购物广场。处理货物入库运输，点击【运输管理->处理入库运输->处理->出车->确定->退出系统】。

（3）上海中铁物流有限公司运回货物并将货物存入库位。点击【库存管理->未处理入库单->入库->确定】。

（4）货物入库后，上海中铁物流有限公司需组织车辆将货物发往目的地，首先将货物装车。点击【配送管理->拣货装车->勾选货物->确定->运输管理->处理出库运输单->处理->确定】。

（5）货物装上货车后，上海中铁物流有限公司需要确认将货物出库，点击【库存管理->未处理出库单->处理->确定】。

物流端的页面如图 1-21 所示。

图 1-21　物流端的页面

任务训练

案例情景

戴尔公司于 1984 年由迈克尔·戴尔创立。戴尔公司是世界上最大的计算机制造商之一，由于其成功地将直接面向最终用户的销售策略推向互联网而广为人知。戴尔公司称其网上商店为"戴尔皇冠上点缀的珠宝"。通过戴尔公司的网上商店，顾客可以在网上组装、定制并购买电脑。

受益于独特的直接经营模式，戴尔在全球的产品销量高于任一家计算机厂商，并因此在财富 500 强中名列第 25 位。戴尔公司通过平均 4 天一次的库存更新，能够把最新相关技术带给消费者。戴尔公司的网址每周被顾客访问的次数超过 80 万次，戴尔公司因此而每天获得平均超过 400 万美元的收入。戴尔公司的管理者发现，在访问了 dell.com 后，超过 40% 的顾客会通过打电话购买他们需要的计算机产品。戴尔公司利用该系统降低了成本，改善了客户服务。

【案例思考】

1. 戴尔成功的主要因素是什么？

2. 请自行查阅更多关于戴尔电子商务运营的模式及物流方面知识，试阐述戴尔公司物流电子商务化的巧妙运用。

任务5 消费者确认收货

任务指导

消费者A：李强收取自己购买的商品，点击【收货确认->确定】。如图1-22、图1-23所示。

图1-22 客户端页面

收货确认

序号	商品名称	商品数量	商品价格
1	手提包	1	￥80.00

确 定

图1-23 收货确认页面

至此，流程实践结束。

任务训练

案例情景

2000 年 1 月，8848 被中国互联网大赛评为中国优秀网站工业与商业类第一名。2000 年 12 月 12 日，My8848 正式从 8848 母体剥离，成立注册资金 1000 万元的北京时代珠峰科技发展有限公司。8848 转向还有投资者追捧的 B2B 概念，My8848 则继续走 B2C 的商业模式。时代珠峰科技公司由 8848 创始人王峻涛任董事长，以原 8848 公司已有的 B2C、电子商场、网上分销等业务为基础，采用 www.My8848.net 等新域名开展业务，并共享 8848 品牌，其中 8848 公司在新公司中只持有比较小的股份，万泉河公司占主要股份。

2001 年 9 月，My8848 的网民纷纷投诉 My8848 无人送货，同时该网站因为拖欠电信资费已经无法登录。同时在一些 IT 界的论坛和有关消费者投诉的网站上，来自全国各地的投诉信件还在源源不断地传来。除了消费者的投诉，供货商也向法院申请，要求 My8848 返还拖欠货款，总数约 600 余万元。My8848 第一次被查收物品是在 2001 年 9 月 21 日，接着，到 9 月 24 日又被查了一次。两次搬运，My8848 从大家眼中的空壳公司，成了真正的"空壳"。

【案例思考】

被喻为中国电子商务大旗的 My8848 公司历经坎坷，在互联网新经济的风雨中寻找适合的商业模式。就像任何的创新都可能失败一样，结合案例，试分析关于 My8848 失败的原因。

项目二

B2B 电子商务

一、训练目标

通过亲自操作实验流程，让学生熟悉了解 B2B 业务流程各环节的工作内容和角色岗位职责以及供应链的管理。掌握厂家生产后台管理、商家运营管理、商贸平台供应信息管理、商家询价方式、合同管理等相关知识。

项目任务书

任务名称	B2B 电子商务	任务编号		时间要求	
要求	1. 以 3~5 人为小组分别在阿里巴巴、慧聪、中化、环球资源进行采购体验，熟悉其运行模式 2. 以 5~10 人为一组，合理分配角色，利用相关软件，分别模拟厂家、出口商、物流、银行完成 B2B 业务流程各环节的工作内容 3. 提高团队合作能力、提高网上采购专业技能				
重点培养的能力	资料查找能力、资料分析能力、团队合作能力、写作能力、沟通能力				
涉及知识	B2B 业务流程各环节的工作内容和角色岗位职责，以及供应链、物流的管理				
教学地点	教室、机房	参考资料			
教学设备	投影设备、投影幕布、能上网的电脑				
训练内容					
1. 听教师讲解案例及相关的知识（时间约　　分钟） 2. 制订工作计划，了解团队要做什么，要达到什么样的目的（时间约　　分钟）；组长进行分工安排，每个人在自己的项目任务书相应栏进行记录（时间为　　分钟），组员开始行动 3. 资料查找分析：资料查找（时间约　　分钟），分析讨论（时间约　　分钟）；得出结论；撰写分析报告（填写任务产出表）（时间约　　分钟） 4. 进行采购体验，模拟完成 B2B 业务流程（时间约　　分钟），分析讨论（时间约　　分钟）；得出结论；撰写分析报告（填写任务产出表）（时间约　　分钟）					
训练要求					
在完成任务的过程中能自主学习 B2B 业务流程各环节的工作内容和角色岗位职责等有关知识；能够在规定的时间内完成相关的资料查找、整理、分析任务；能够在规定的时间内撰写出分析报告；团队制订工作方案，工作有成效（能够进行很好的时间管理），团队合作较好					

成果要求及评价标准

成果要求：需提交下列书面文件

    1. 本项目组成员的分工情况

    2. 本项目组提交 B2B 的流程图

    3. 本项目组提交设立专门网站和利用其他网站作为网络采购平台的比较分析报告

评价标准：

    1. 正确提交设立专门网站作为采购平台的流程图，找出各网络平台的特点并根据其特点合理选择适当的网络平台，分析报告质量优

    2. 能提交设立专门网站为采购平台的流程图并选择合适的网络平台，分析报告质量良

    3. 分析报告合理但依据不充分的，分析报告质量合格

    4. 选择不合理、分析不正确的，分析报告质量差

符合上述标准 1，成绩为优秀，可得 90~100 分；符合标准 2，成绩为良好，可得 70~80 分；符合标准 3，成绩及格，可得 60~70 分；符合标准 4，成绩为不及格，得分 60 分以下；介于这几种标准之间的，可酌情增减分

任务产出一	成员姓名与分工	成 员	学 号	分 工
		组 长		
		成员 1		
		成员 2		
		成员 3		
		成员 4		
		成员 5		
		成员 6		

任务产出二	就 B2B 各平台的特点、运行模式等方面进行讨论，提交各网络平台的比较分析图			
		阿里巴巴	慧聪	环球资源	中化
	网址				
	建立时间				
	主要商品类别				
	采购流程				
	交流工具				
	支付方式				
	售后服务种类				

项目组评价		总分	
教师评价			

二、项目概要

1. 项目情景

北京市金蓝服装厂（厂家角色）和甬联工贸有限公司（出口商角色）在商贸网站上分别发布了自己的供应信息和采购信息。甬联工贸有限公司需要购买一批修身羊毛打底衫，并在商贸网站上看到北京市金蓝服装厂出售修身羊毛打底衫的信息，于是对北京市金蓝服装厂进行了在线询价，并最终和北京市金蓝服装厂签订了合同。合同签订后北京市金蓝服装厂找到了上海中铁物流有限公司（物流角色）为其

运输货物发往甬联工贸有限公司，甬联工贸有限公司在接收货物并入库后，通过银行转账业务向北京市金蓝服装厂支付了货款，结束这笔交易。下面就让我们来认真了解这两家公司从发布信息到最终支付货款的整个 B2B 交易流程。

2. 项目设置

涉及角色：厂家、出口商、物流、银行。

涉及平台：商贸网站、物流平台、网上银行。

商贸网站：商贸网是企业与企业（B2B）之间进行前期交易的主要平台，是企业展示形象、实力以及产品的主要阵地，如图 2-1 所示。商贸网除提供展示商业机会、产品、公司以及咨询等信息外，商务助手还为每个注册企业用户提供了丰富的信息管理功能，如图 2-2 所示。

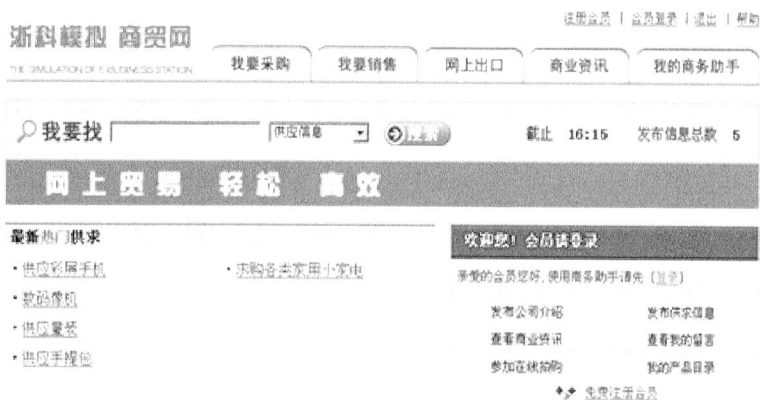

图 2-1　商贸网主页面

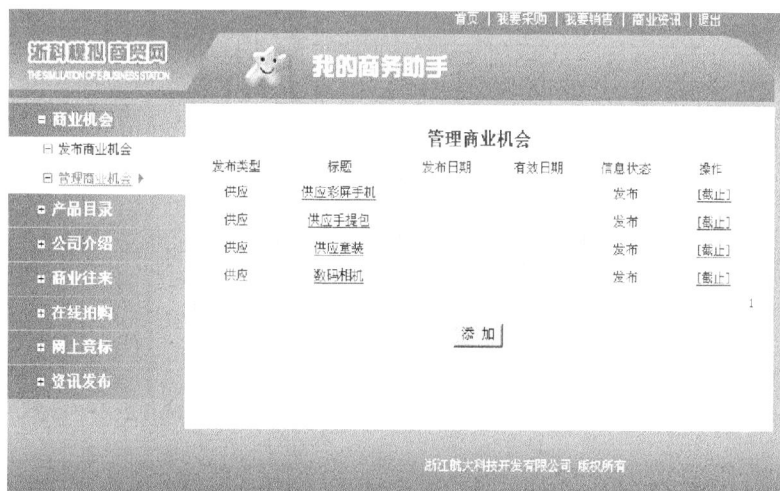

图 2-2　"我的商务助手"页面

B2B 流程如图 2-3 所示。

图 2-3　B2B 流程

任务 6　注册与基础设置

任务指导

一、角色注册

1. 厂家

厂家补充完企业资料进入系统后，首先要为企业开始电子商务做好准备工作，这些准备工作包括：

（1）申请一个 E-mail 地址并设置到企业用户资料。

（2）申请开立银行账户（资金管理/柜台业务/对公业务/开立账户）。

（3）开立银行账户审批通过后进行"开户账号设置"（资金管理/账号设置）。

（4）生产新产品，建立自己的产品库（生产管理/新产品生产）。

（5）开通 EDI 服务（商贸网站/用户注册），并为使用 EDI 服务申请 CA 认证。

厂家页面如图 2-4 所示。

2. 物流

物流补充完整企业资料，在正式开展业务之前必须要做的准备工作有：

（1）申请一个 E-mail 地址并设置到企业用户资料。

（2）申请开立银行账户（资金管理/柜台业务/对公业务/开立账户）。

（3）开立银行账户审批通过后进行"开户账号设置"（资金管理/账号设置）。

（4）设置运输货物的资费标准（运输管理/运费设置）。

（5）购买仓库、车辆添加驾驶员等。

物流端主页面如图 2-5 所示。

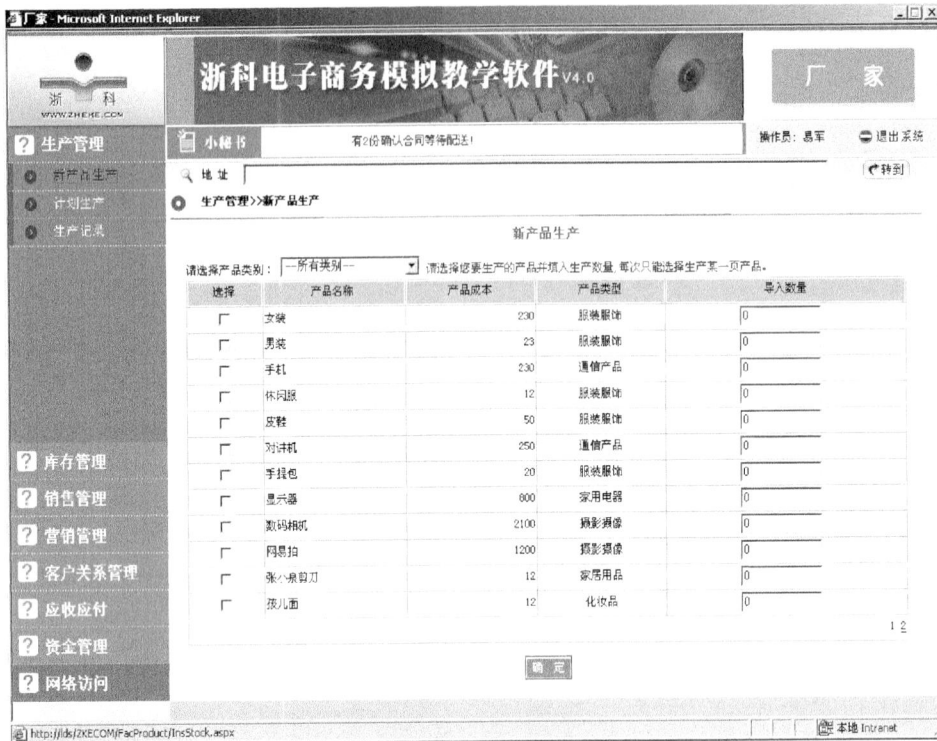

图 2-4　厂家页面

图 2-5　物流端主页面

3. 出口商

出口商在开展电子商务之前需要做的准备工作有：

（1）申请一个 E-mail 地址并设置到企业用户资料。

（2）申请开立银行账户（资金管理/柜台业务/对公业务/开立账户）。

（3）待开立银行账户审批通过后进行"开户账号设置"（资金管理/账号设置）。

（4）开通 EDI 服务（商贸网站/用户注册），并为使用 EDI 服务申请 CA 认证。

出口商主页面如图 2-6 所示。

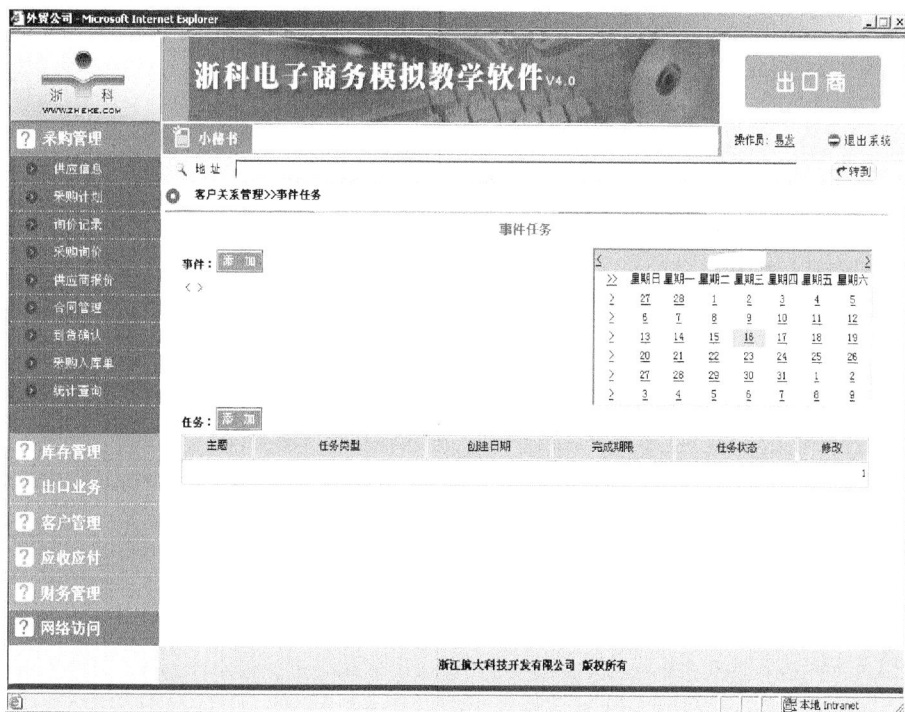

图 2-6 出口商主页面

4. 银行角色

在开展业务之前，首先要将银行资料补充完整，申请并设置 E-mail 地址到用户资料。如图 2-7 所示。

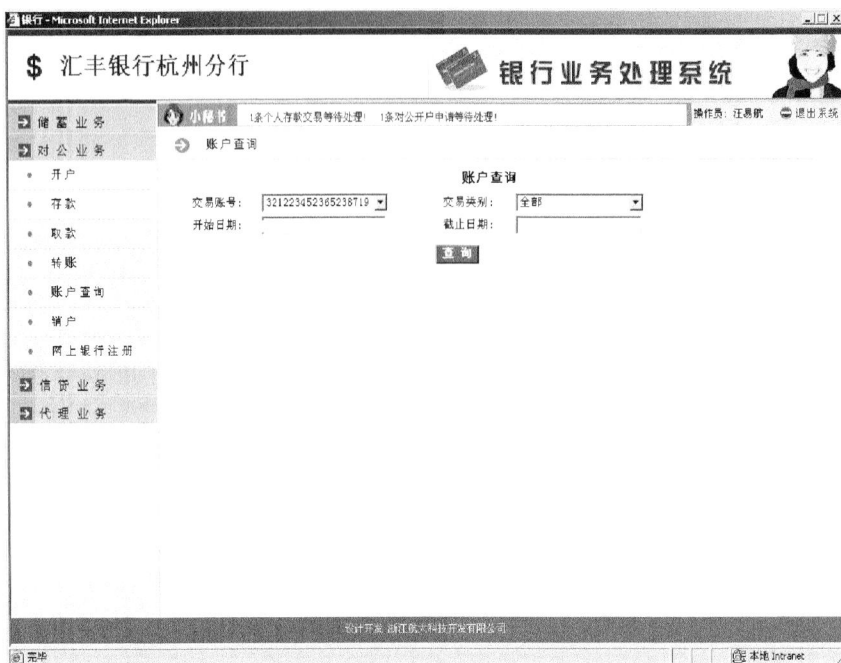

图 2-7　银行业务处理系统页面

二、银行账户服务

1. 开立企业账户

厂家：北京市金蓝服装厂（厂家角色）申请开立银行企业账户，开通企业银行的相关功能服务。点击【柜台业务->对公业务->开户->提交】完成申请。

银行：银行角色为北京市金蓝服装厂开通企业账户，点击【对公业务->开户->处理】，进行开户业务处理。

厂家：成功开立账户后，北京市金蓝服装厂可以往企业账户内存款，点击【柜台业务->对公业务->存款，填写金额->提交】。

银行：银行角色为北京市金蓝服装厂处理存款业务，点击【对公业务->存款->处理】，进行存款业务处理。

2. 开通网上银行

厂家：北京市金蓝服装厂为了在今后的交易中能够快速进行银行转账等业务，还申请了开通网上银行。点击【柜台业务->对公业务->网上银行->确定】，完成网上银行申请。

银行：银行为北京市金蓝服装厂开通网上银行业务。点击【对公业务->网上银行注册->处理】。

3. 企业 CA 证书下载

厂家：北京市金蓝服装厂要想正常使用网上银行进行转账，除了开通网银，还需要下载 CA 证书。点击【网上银行 ->企业网上银行->企业证书下载】，完成 CA 证书的下载。如图 2-8、图 2-9 所示。

图 2-8　网上银行主页面

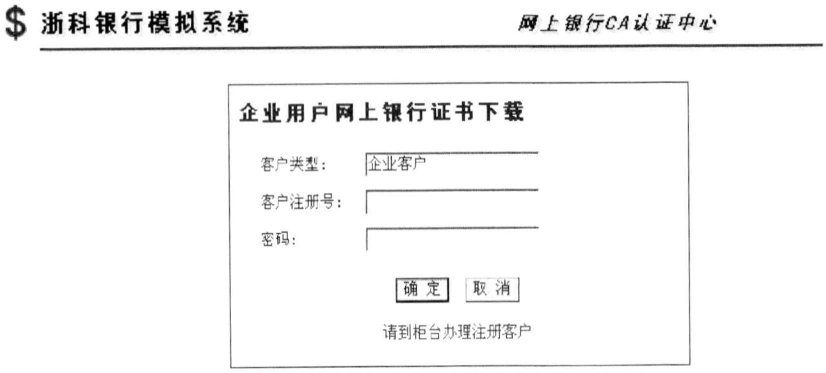

图 2-9 "企业用户网上银行证书下载"页面

温馨提示：用户每次在登录网上银行的时候，系统都会提示客户访问的功能需要经过认证才能够继续使用，并列出客户已经安装的证书供用户选择认证。选择正确的数字证书进行认证，才可以继续使用网上银行服务，否则系统会提示访问被拒绝。如图 2-10 所示。

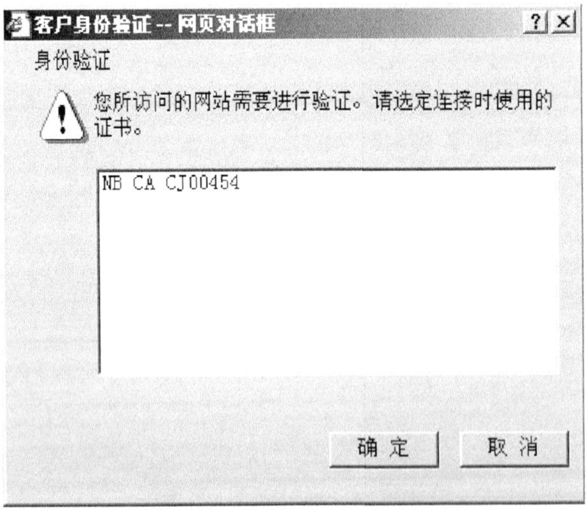

图 2-10 "客户身份验证"页面

出口商：甬联工贸有限公司（出口商角色）申请开立账户、申请网上银行、账户设置、开通 EDI 服务、CA 证书申请下载等操作步骤请参考厂家角色相关流程的操作介绍。

物流：上海中铁物流有限公司（物流角色）申请开立账户、申请网上银行、账户设置、开通 EDI 服务、CA 证书申请下载等操作步骤请参考厂家角色相关流程的操作介绍。

任务训练

案例情景

阿里巴巴集团成立于 1999 年，英语教师马云与另外 17 人在中国杭州市创办了阿里巴巴网站，为中小型制造商提供了一个销售产品的贸易平台。经过 8 年的发展，阿里巴巴于 2007 年 11 月 6 日在香港联合交易所上市，现为阿里巴巴集团的旗舰业务。"让天下没有难做的生意"是阿里巴巴集团永恒的使命，培育开放、协同、繁荣的电子商务生态圈，是阿里巴巴集团的战略目标。阿里巴巴集团经营多元化的互联网业务，包括促进 B2B 国际和中国国内贸易的网上交易市场、网上零售和支付平台、网上购物搜索引擎，以及以数据为中心的云计算服务，致力为全球所有人创造便捷的网上交易渠道。阿里巴巴主页如图 2-11 所示。

图 2-11　阿里巴巴主页

阿里巴巴集团现有 12 家旗下公司，分别是阿里巴巴 B2B、淘宝网、天猫、支付宝、口碑网、阿里云、中国雅虎、一淘网、中国万网、聚划算、CNZZ、一达通。

阿里巴巴集团核心业务的确定是一个电子商务网站成功的关键。阿里巴巴将自己的业务集中在 B2B 领域，建立起了一个主要面向中小企业的电子交易平台。这一中介平台由阿里巴巴自己建网，提供产品的采购、信息和销售等方面的服务，将企业与供货商、经销商等关联企业的传统业务模式转变为以互联网为基础的电子交易模式。相关企业之间在阿里巴巴平台上发布产品和技术信息，以电子邮件或其他基于互联网的通信方式进行交流，在网上寻货、订货、处理订单、跟踪供货、库存和销售情况，解决了企业，特别是中小企业信息匮乏、交易成本过高的问题，并能够追踪供应商品的种类和价格的变化，从而大大简化了企业间的业务流程。阿里巴巴所独创的这种 B2B 模式实际上是基于互联网的、定位于中小企业的商务信息交易模式，是一个可以进行社会化推广的、使用价格低廉的电子商务模式。阿里巴巴的成功在于其核心业务的定位明确。阿里巴巴找到了中小企业发展中最关键的问题，为中小企业提供销售信息和销售资源，帮助它们更好、更快地找到销售渠道。为此阿里巴巴提出了自己的目标：让天下没有难做的生意。阿里巴巴从一开始就确定了自己的目标，并且为自己的目标而努力追求。事实证明，坚持下来的网站才是最后的胜利者，没有坚持，没有持之以恒的毅力和决心，是很难在电子商务领域获得成功的。

【案例思考】

1. 阿里巴巴被国内外媒体和国外风险投资家誉为与中国商业网、雅虎、亚马逊、eBay、美国在线比肩的六大互联网商务流派代表之一，请通过网络搜寻和了解阿里巴巴，谈谈其成功的原因。

2. 阿里巴巴网站运营模式的主要特点有哪些？

任务 7　工厂发布供应信息

任务指导

1. 生产产品，建立产品库

厂家：北京市金蓝服装厂要想向外供应产品，首先需要生产产品，建立自己的产品库。点击【生产管理->产品生产->勾选针织衫，填写生产数量->确认->生产->确定】，点击【计划生产->填写实际生产量->确认->生产->确定】完成产品的生产。如图 2-12、图 2-13 所示。

图 2-12　生产管理页面

图 2-13 计划生产页面

2. 商务网发布供应信息

厂家：北京市金蓝服装厂在商贸网站上发布厂家供应修身羊毛打底衫的供应信息，点击【网络访问->商贸网->登录->我的商务助手->商业机会->管理商业机会->添加->填写发布信息->马上发布->确定->退出系统】。如图 2-14 所示。

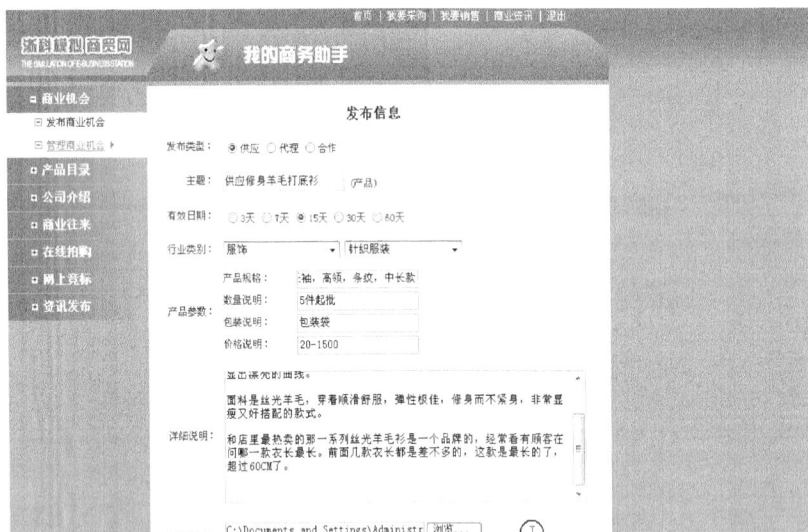

图 2-14 发布信息页面

任务训练

案例情景

环球资源是一家多渠道整合推广领先业界的多渠道 B2B 媒体公司，致力于促进大中华地区的对外贸易。公司的核心业务是通过一系列英文媒体，包括环球资源网站、印刷杂志及电子杂志、采购资讯报告、买家专场采购会、贸易展览会等形式促进亚洲各国的出口贸易。如图 2-15 所示。

图 2-15　环球资源的核心业务

环球资源网（Global Sources）是一个商对商（Business-to-Business，B2B）多渠道的国际贸易平台，亦是大中华地区双边贸易的主要促进者。Global Sources 为专业买家提供采购信息，并为供货商提供综合的市场推广服务。环球资源网不是一个单独的网站，它分为地区入口网站、行业网站以及管理和技术网站。多重网站组成的全球化网络，提供全球贸易、管理、产品和供应商信息。多重入口意味着买家可获得进入供应商网页的更多途经，为买家和供应商创造更多的生意机会。

环球资源通过互联网这一平台，有效利用自己 30 多年积累下来的客户资源，结合贸易杂志、行业报告以及贸易展览会和网上直销四种渠道，并以创意和培训服务及在线产品目录作为强大后盾，为贸易双方搭建了全方位的交易平台。环球资源拥有超过 100 万名国际买家，当中包括 95 家来自全球百强零售商，使用环球资源提供的服务了解供应商及产品的资料，帮助它们在复杂的供应市场进行高效采购。另外，供应商借助环球资源提供的整合出口推广服务，提升了公司形象，赢得了来自 240 多个国家及地区的买家的订单。

【案例思考】

1. 环球资源的成功因素是什么?

2. 对于环球资源在中国的未来发展,简单谈谈你的看法。

任务8　出口商采购产品

任务指导

出口商：恰巧这时甬联工贸有限公司需要进货，看到了北京市金蓝服装厂在商贸网上发布的供应羊毛打底衫的信息，就向北京市金蓝服装厂进行了在线询价。

点击【出口商–>登录–>网络访问–>商贸网–>登录–>供应修身羊毛打底衫–>询价】，填写询价单的主要内容，勾选【我需要进一步了解的信息–>确认–>关闭窗口–>退出系统】。如图 2–16~图 2–23 所示。

图 2–16　打开教学软件

图 2-17 登录教学软件

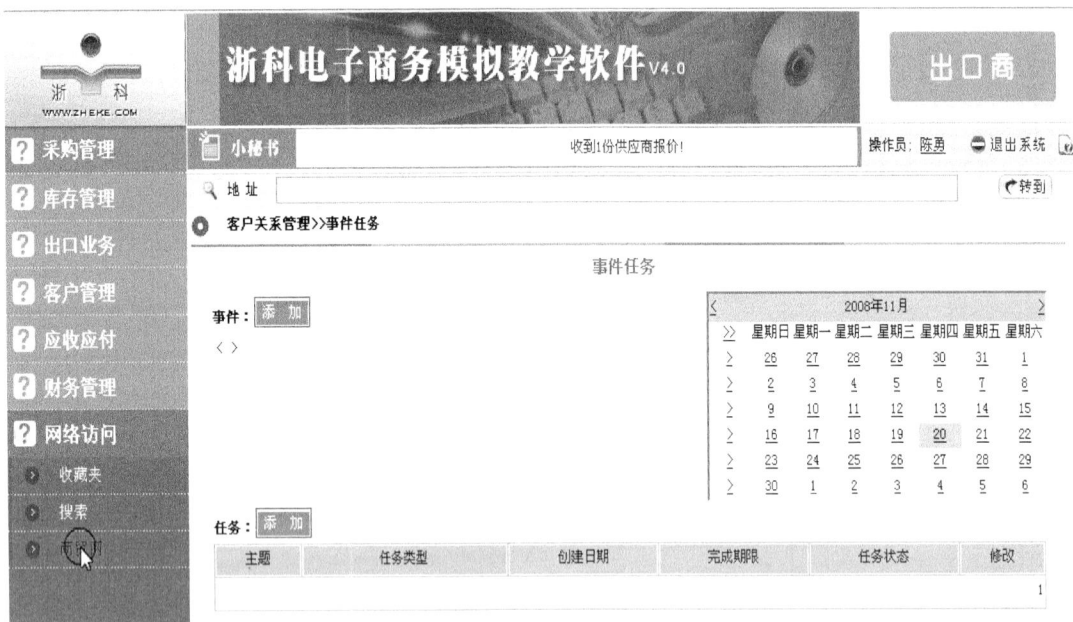

图 2-18 出口商页面

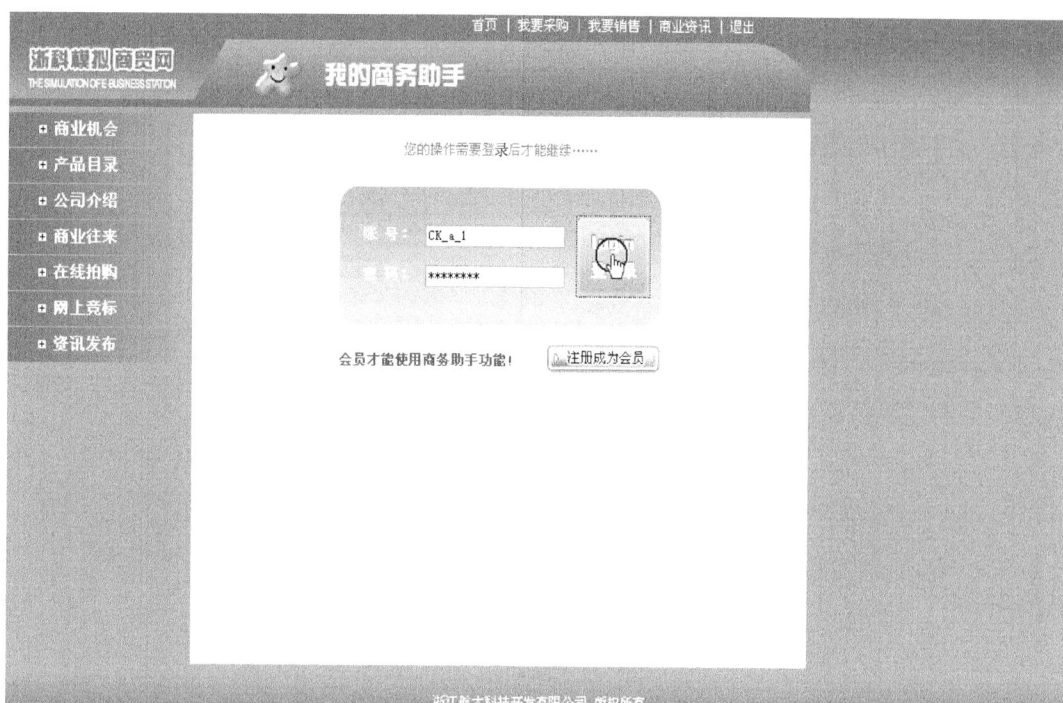

图 2-19　登录商务助手页面

图 2-20　供应信息页面

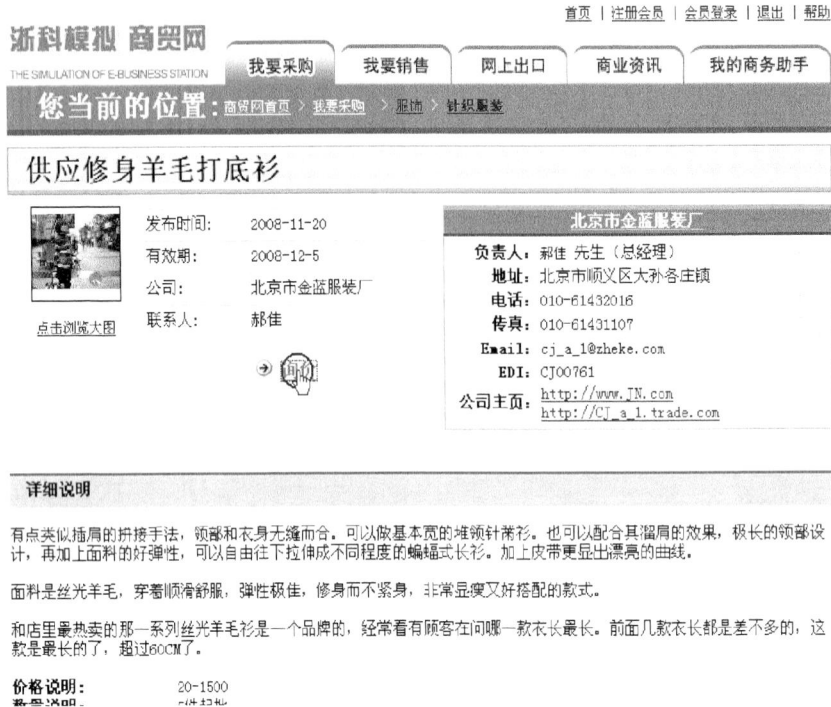

图 2-21　询价商品页面

图 2-22　询价单页面

图 2-23　发送信息页面

厂家：北京市金蓝服装厂在收到了甬联工贸有限公司发来的询价信息后立即进行产品报价，点击【厂家->登录->销售管理->询价信息->主题->处理->勾选针织衫，填写报价数量->发送，系统自动生成报价单->退出系统】。如图 2-24 所示。

图 2-24　厂家销售管理页面

出口商：甬联工贸有限公司在看到北京市金蓝服装厂的报价后，认为可以与该公司进行交易，就拟定了合同并发送给北京市金蓝服装厂，点击【出口商->登录->采购管理->供应商报价->查看->订合同->填写购销合同->发送，自动转化成合同->退出系统】。如图 2-25 所示。

温馨提示：交货日期应晚于或等于当天日期，付款日期应晚于或等于交货日期。

图 2-25　出口商采购管理页面

厂家：北京市金蓝服装厂接到发来的合同，经过审核最终同意与甬联工贸有限公司签订合同。点击【销售管理->合同管理->合同编号->同意】。如图 2-26 所示。

温馨提示：签订合同时，如果北京市金蓝服装厂不同意合同中的内容，则可以选择修改合同。点击【修订】重新把合同发往甬联工贸有限公司审核，反复修订合同直到双方满意。

图 2-26　厂家合同管理页面

任务训练

案例情景

亚马逊书店无疑是电子商务发展的里程碑，它创造性地进行了电子商务中每一环节的探索，包括系统平台的建设、程序编写、网站设立、配送系统等方面。如图2-27所示。

图 2-27 亚马逊书店页面

亚马逊书店的营销策略主要有：

（1）产品策略。亚马逊书店根据所售商品的种类不同，分为书籍（Book）、音乐（Music）、影视产品（Video）、电子产品（Electronics）、网具游戏（Toys & Games）、家用品（Kitchen & Housewares）等几大类。每一类都设置了专门的页面，同时，在各个页面中也很容易看到其他几个页面的内容和消息，它将书店中不同的商品进行分类，并对不同的电子商品实行不同的营销对策和促销手段。

（2）定价策略。亚马逊书店采用了折扣价格策略。所谓折扣策略是指企业为了刺激消费者增加购买在商品原价格上给予一定的回扣。它通过扩大销量来弥补折扣费用和增加利润。亚马逊书店对大多数商品都给予了相当数量的回扣。如图 2-28 所示。

图 2-28　亚马逊促销页面

（3）促销策略。常见的促销方式，即企业和顾客以及公众沟通的工具主要有四种。它们分别是广告、人员推销、公共关系和营业推广。在亚马逊书店的网页中，除了人员推销外，其余部分都有体现。

而现在 Amazon 的产品种类已经扩大至音像光盘、录像带、化妆品、宠物用品及杂货等，并提供拍卖及问候卡片服务，正在努力成为全球最大的网上零售商。

【案例思考】

1. 试分析亚马逊盈利的主要来源。

2. 相较其他企业，亚马逊有什么特色？

3. 通过亚马逊的成功你得到什么启发？

任务 9　电子商务物流运输

任务指导

厂家：合同签订后立即生效，北京市金蓝服装厂需要根据合同以及公司的实际情况组织发货，并选择了上海中铁物流有限公司为其运输货物。点击【配送单->新配送->上海中铁物流有限公司->选择，填写配送信息->提交->确定】。如图 2-29 所示。

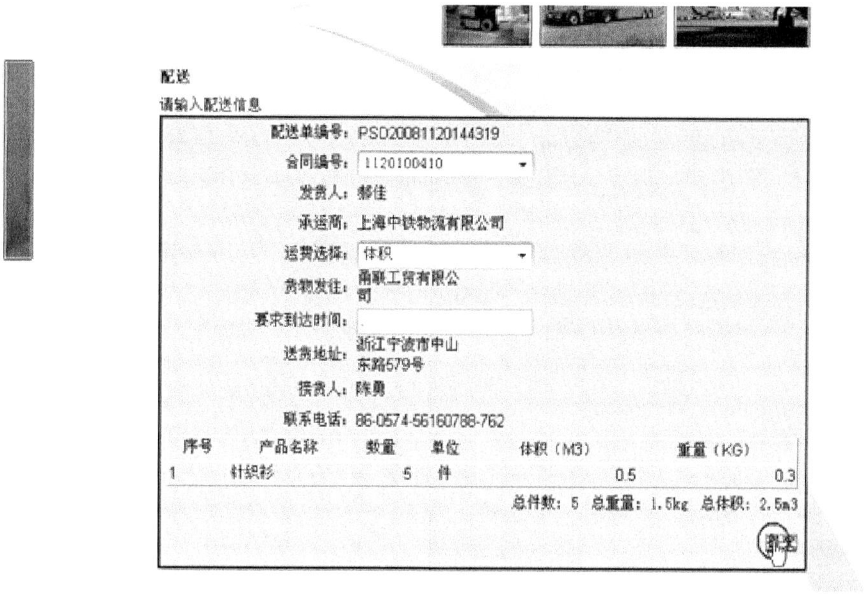

配送
请输入配送信息

配送单编号：PSD20081120144319
合同编号：1120100410
发货人：彭佳
承运商：上海中铁物流有限公司
运费选择：体积
货物发往：甬联工贸有限公司
要求到达时间：
送货地址：浙江宁波市中山东路579号
提货人：陈勇
联系电话：86-0574-56160788-762

序号	产品名称	数量	单位	体积（M3）	重量（KG）
1	针织衫	5	件	0.5	0.3

总件数：5　总重量：1.5kg　总体积：2.5m3

图 2-29　厂家配送页面

物流：上海中铁物流有限公司在接收到北京市金蓝服装厂货物运输的请求后，就立即受理了配送单。点击【订单管理->未受理配送单->受理->确定】。如图 2-30 所示。

图 2-30　物流端订单管理页面

在同意受理配送运输后，上海中铁物流有限公司就立刻组织了车辆发往北京市金蓝服装厂处理货物入库运输，点击【运输管理->处理入库运输->处理->出车->确定】。如图 2-31 所示。

图 2-31　物流端运输管理页面

厂家：在上海中铁物流有限公司的运输车辆来到后，北京市金蓝服装厂将货物出库运输到上海中铁物流有限公司的库位内。点击【销售管理->配送单->出库->确定->退出系统】。如图 2-32 所示。

图 2-32　厂家销售管理页面

物流：上海中铁物流有限公司运回货物并将货物存入库位内。点击【库存管理->未处理入库单->入库->确定】。如图 2-33 所示。

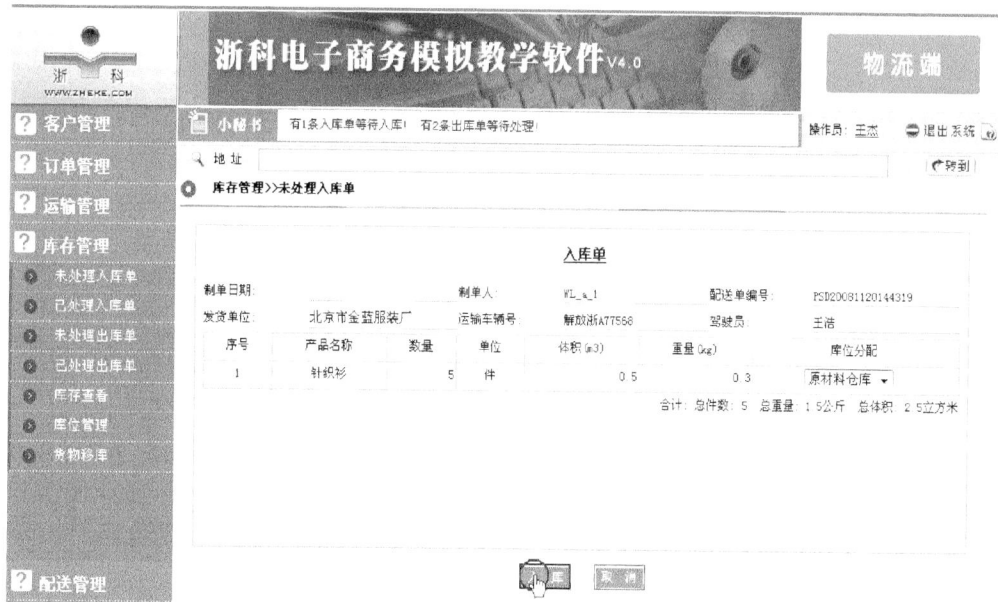

图 2-33　物流端库存管理页面

货物入库后，上海中铁物流有限公司需组织车辆将货物发往目的地，首先将货物装车。点击【配送管理->拣货装车->勾选针织衫->确定->运输管理->处理出库运输单->处理->确定】。如图 2-34 所示。

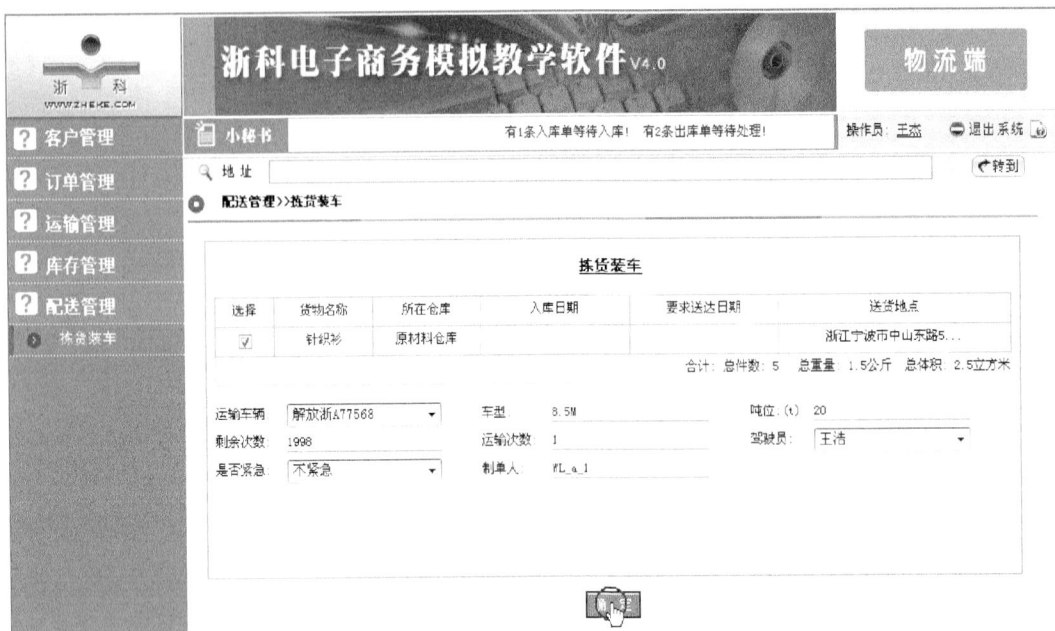

图 2-34 物流端配送管理页面

物流：货物装上货车后，上海中铁物流有限公司需要确认将货物出库，点击【库存管理->未处理出库单->处理->确定】。如图 2-35 所示。

图 2-35 物流端运输管理页面

出口商：甬联工贸有限公司验收产品后，将它入库。点击【采购管理->到货确认->入库->确定】。如图 2-36 所示。

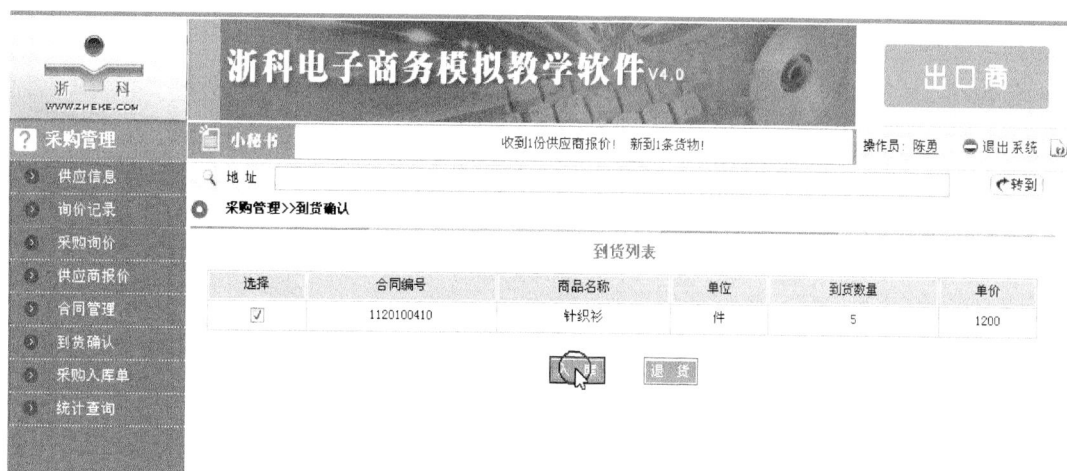

图 2-36　出口商采购管理页面

任务训练

案例情景

美国宝洁公司是世界最大的日用消费品生产企业。1992 年，宝洁公司进入中国市场，并在广东地区建立了大型生产基地。对于刚刚进入中国市场的宝洁公司，产品能否及时、快速地运送到全国各地是其能否迅速抢占中国市场的重要环节。宝洁公司为了节省运输成本，在公路运输之外，寻求铁路解决方案。

作为日用产品生产商，宝洁公司的物流服务需求对响应时间、服务可靠性以及质量保护体系具有很高的要求。根据物流服务需求和服务要求，进入宝洁公司视野的物流企业主要有两类：占据物流行业主导地位的国有企业和民营储运企业。经过调查评估，宝洁公司认为当时国有物流企业业务单一，要么只管仓库储存，要么只负责联系铁路运输，而且储存的仓库设备落后，质量保护体系不完善，运输中信息技术落后，员工缺乏服务意识，响应时间和服务可靠性得不到保证。于是，宝洁公司把目光投向了民营储运企业。

在筛选第三方物流企业时，宝洁公司发现宝供承包铁路货运转运站，以"质量第一、顾客至上、24 小时服务"的经营特色，提供"门到门"的服务。于是，宝洁公司将物流需求建议书提交给宝供，对宝供的物流能力和服务水平进行试探性考察。

围绕着宝洁公司的物流需求，宝供设计了业务流程和发展方向，制定了严格的流程管理制度，对宝洁公司产品"呵护备至"，达到了宝洁公司的要求，同时宝供长期良好合作的愿望以及认真负责的合作态度，受到了宝洁公司的欢迎，使得宝供顺利通过了考察。宝洁公司最终选择了宝供作为自己的合作伙伴，双方签订了铁路运输的总代理合同，开始了正式的合作。

【案例思考】

1. 结合案例，试分析宝洁公司初入中国市场，为何不建立自己的物流体系，而要选择第三方物流公司作为合作伙伴。

2. 结合案例，试分析宝洁公司在物色合作伙伴时，为何放弃"块头"大的国有物流公司，而选择了私营的宝供公司。宝供公司的优势体现在哪些方面？

任务 10　电子商务支付

任务指导

一、出口商支付货物费用，利用网上银行进行转账

甬联工贸有限公司在接收货物后使用了网上银行的转账功能向北京市金蓝服装厂支付货款。

1. 转账

出口商：甬联工贸有限公司给北京市金蓝有限公司进行转账，支付货款。点击【财务管理->柜台业务->对公业务->转账->应收应付->应付账款->输入金额->提交】。如图 2-37 所示。

图 2-37　转账页面

银行：银行处理北京市金蓝服装厂的转账业务，完成北京市金蓝服装厂运费的支付。点击【对公业务->转账->审核->确定】。如图 2-38 所示。

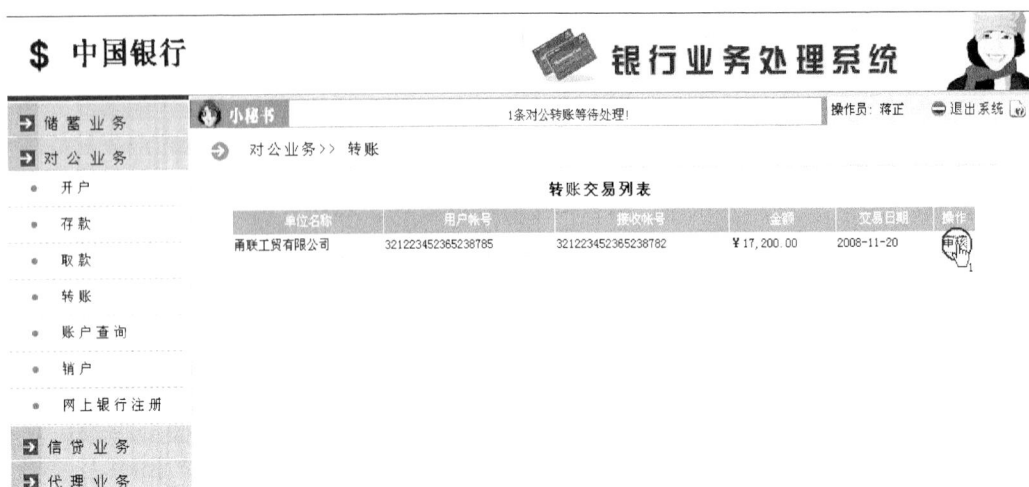

图 2-38　银行对公业务页面

2. 记账

出口商：甬联工贸有限公司支付完货款后可以对该笔业务进行记账及收款核销。点击【财务管理->柜台业务->对公业务->账户明细查询->选择注册账号->未记账->确定】；点击【应收应付->收款核销->过滤->确认->确定】。如图 2-39、图 2-40 所示。

图 2-39　财务管理页面

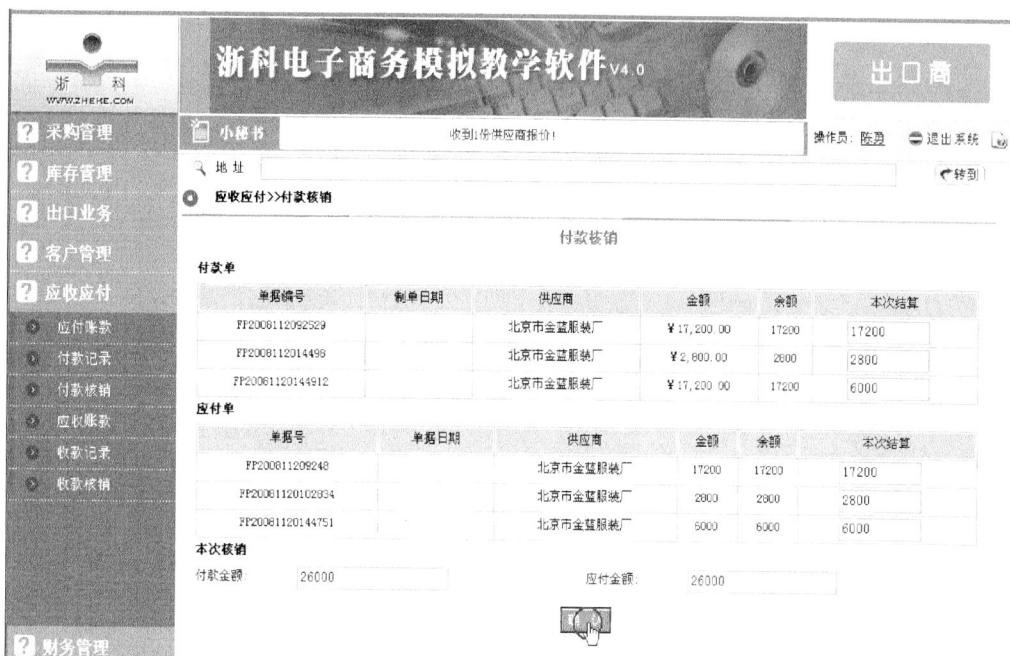

图 2-40　应收应付页面

　　厂家：北京市金蓝服装厂收到甬联工贸有限公司的付款后，对该笔业务进项记账和收款核销。点击【资金管理->查询->未记账->确定】；点击【应收应付->收款核销->过滤->确认->确定】。如图 2-41、图 2-42 所示。

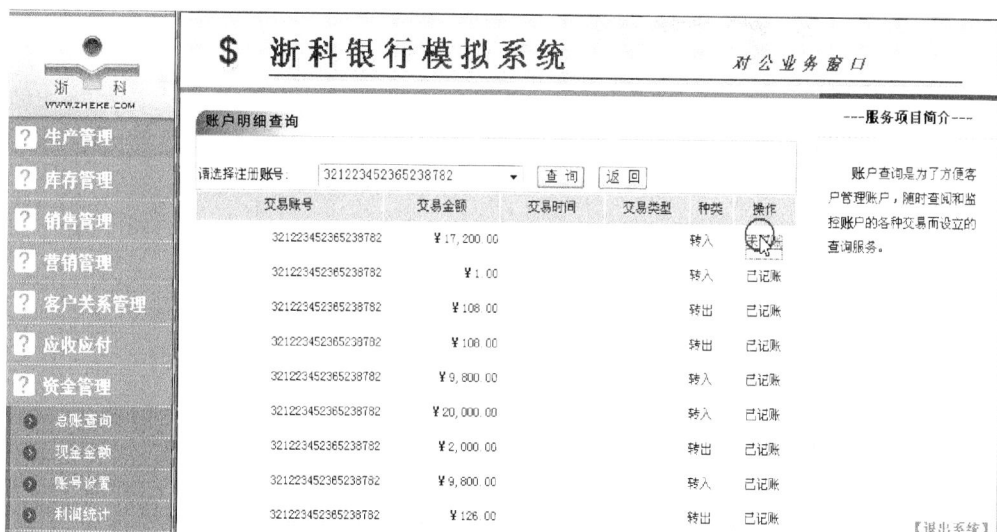

图 2-41　资金管理页面

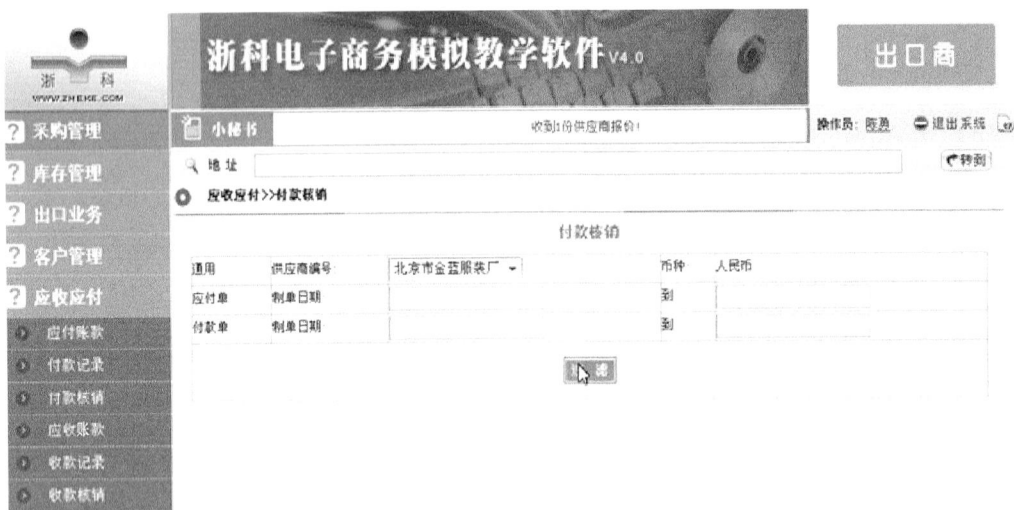

图 2-42 出口商应收应付页面

二、厂家支付运费

同样，北京市金蓝服装厂支付上海中铁物流有限公司的运费及记账等操作步骤详见以上甬联工贸有限公司相关流程的操作介绍。如图 2-43 至图 2-48 所示。

图 2-43 厂家支付运费页面（1）

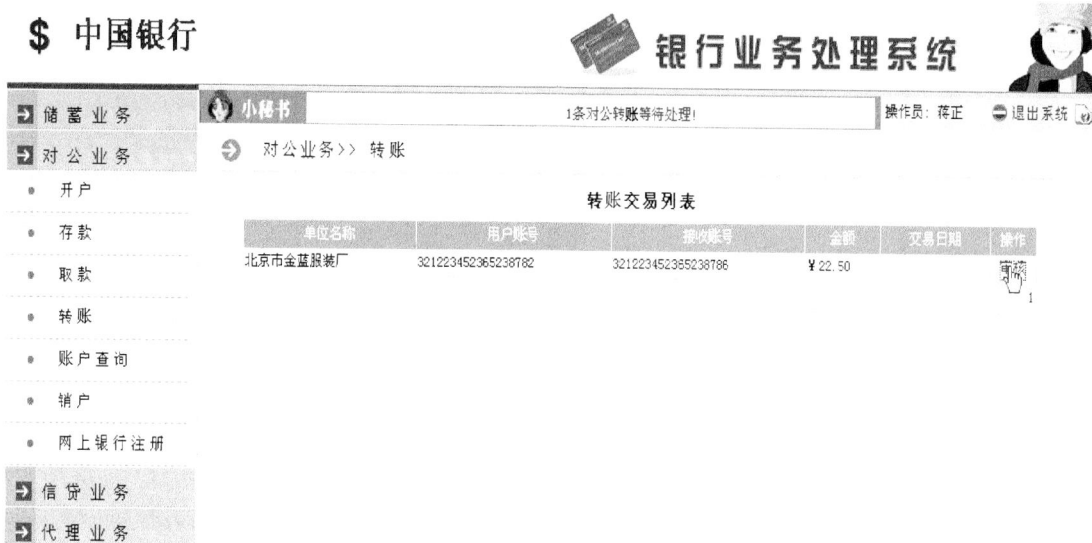

图 2-44　厂家支付运费页面（2）

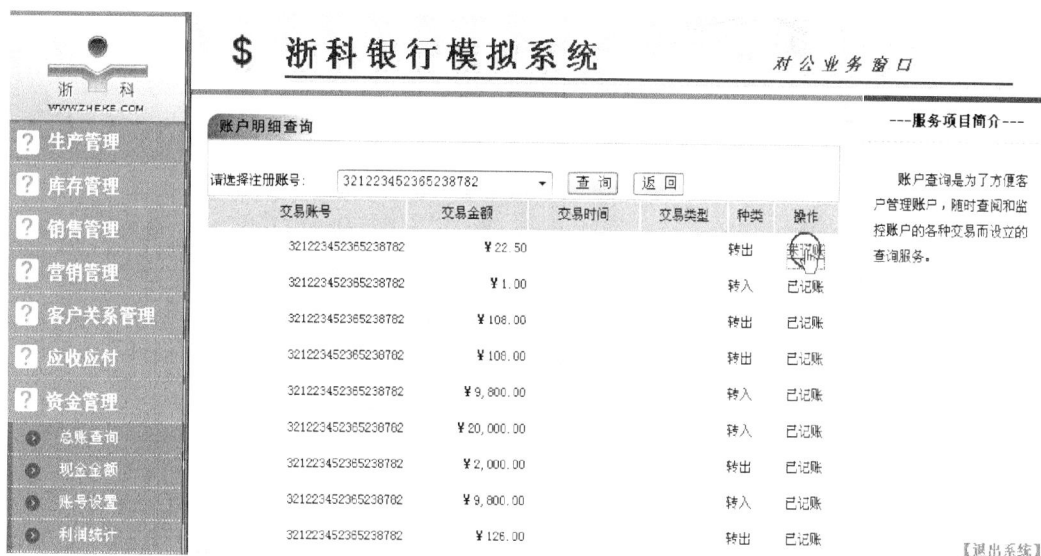

图 2-45　厂家支付运费页面（3）

图 2-46　厂家支付运费页面（4）

图 2-47　厂家支付运费页面（5）

图 2-48　厂家支付运费页面（6）

流程实践结束。

温馨提示：建立一个安全、便捷的电子商务应用环境对信息提供足够的保护，已经成为银行、商家和消费者都十分关心的话题。一个有效的、成功的电子支付系统要被广泛认可，该系统必须保证有关各方不易受到欺骗，另外很重要的一点是必须方便易行。要求做到：保密性、完整性、身份认证和抗否认性。

任务训练

案例情景

张先生打算买一台笔记本电脑，他为此犹豫了很长时间，因为尽管市场上笔记本电脑的价格一降再降，对他来说依然是一笔不小的开支。这天，他在联想集团网站发现了一条信息，可以免息分期付款购买笔记本电脑，这样他每个月只需通过自己的招商银行信用卡转账 1000 元，就可以拥有一台价值 8000 元的商务笔记本电脑了，并且这些手续都可以在线办理。张先生随即在网上下了订单，几天以后，电脑就送到了他的家中，"这种销售方式真是太灵活、太方便了。"

【案例思考】

结合案例，试分析联想集团为什么能开拓市场，提高销售业绩。

项目三

C2C 电子商务

一、训练目标

通过流程实验让学生熟悉了解 C2C 流程的各环节和角色岗位职责；掌握 C2C 平台产品管理、信用管理、账户充值管理、购物管理、订单管理等知识点。使学生明白 C2C 相关网站的运作模式，便于学生毕业后能够自主创业开店运营。

项目任务书

任务名称	C2C 电子商务	任务编号		时间要求	
要求	1. 以 3~5 人为小组分别在淘宝、拍拍网、易趣及有啊进行销售体验，熟悉其运行模式 2. 以 5~10 人为一组，合理分配角色，利用相关软件，分别模拟消费者、物流、银行完成 C2C 业务流程各环节的工作内容 3. 提高团队合作能力、提高网上销售专业技能				
重点培养的能力	资料查找能力、资料分析能力、团队合作能力、写作能力、沟通能力				
涉及知识	C2C 流程的各环节和角色岗位职责、C2C 平台产品管理、信用管理、账户充值管理、购物管理、订单管理等				
教学地点	教室、机房	参考资料			
教学设备	投影设备、投影幕布、能上网的电脑				
训练内容					
1. 听教师讲解案例及相关的知识（时间约　　分钟） 2. 制订工作计划，了解团队要做什么，要达到什么样的目的（时间约　　分钟）；组长进行分工安排，每个人在自己的项目任务书相应栏进行记录（时间为　　分钟），组员开始行动 3. 资料查找分析：资料查找（时间约　　分钟），分析讨论（时间约　　分钟）；得出结论；撰写分析报告（填写任务产出表）（时间约　　分钟） 4. 进行销售体验，模拟完成 C2C 业务流程（时间约　　分钟），分析讨论（时间约　　分钟）；得出结论；撰写分析报告（填写任务产出表）（时间约　　分钟）					
训练要求					
在完成任务的过程中能自主学习并掌握网上销售、网络平台选择有关知识；能够在规定的时间内完成相关的资料查找、整理、分析任务；能够在规定的时间内撰写出分析报告；团队制订工作方案，工作有成效（能够进行很好的时间管理），团队合作较好					

续表

成果要求及评价标准

成果要求：提交下列书面文件

  1. 本项目组成员的分工情况

  2. 本项目组提交设立专门网站的流程图

  3. 本项目组提交设立专门网站和利用其他网站作为网络销售平台的比较分析报告

评价标准：

  1. 正确提交设立专门网站作为销售平台的流程图，找出各网络平台的特点并根据其特点合理选择适当的网络平台，分析报告质量优

  2. 能提交设立专门网站为销售平台的流程图并选择合适的网络平台，分析报告质量良

  3. 分析报告合理但依据不充分的，分析报告质量合格

  4. 选择不合理、分析不正确的，分析报告质量差

符合上述标准1，成绩为优秀，可得90~100分；符合标准2，成绩为良好，可得70~80分；符合标准3，成绩及格，可得60~70分；符合标准4，成绩为不及格，得分60分以下；介于这几种标准之间的，可酌情增减分

任务产出一	成员姓名与分工	成 员	学 号	分 工
		组 长		
		成员1		
		成员2		
		成员3		
		成员4		
		成员5		
		成员6		

任务产出二	就各个网络平台的特点、运行模式等方面进行讨论，提交各网络平台的比较分析图			
		淘宝	拍拍网	易趣	有啊
	网址				
	建立时间				
	主要商品类别				
	购物流程				
	交流工具				
	支付方式				
	售后服务种类				

项目组评价		总分	
教师评价			

二、项目概要

1. 项目情景

易芳（消费者A卖家）对于刚买不久的联想笔记本电脑在使用一段时间后，觉得自己不太适应该电脑的系统，于是就想降价出售该电脑。于是易芳就注册了一个拍卖网平台的账号，并在该平台上采用了"拍卖"的出售模式发布该商品信息。冯天意（消费者B买家）和张明（消费者C买家）分别在拍卖网上看到了这台电脑的拍卖信息，并都参与了竞价。最终，易芳与出价高的冯天意达成了交易，并委托了

上海中铁物流有限公司为其配送货物。冯天意在收到笔记本电脑后，对商品做出了评价，交易结束。

2. 项目设置

涉及角色：消费者、物流、银行。

涉及平台：C2C 平台。

C2C 平台：消费者与消费者之间的自由交易称为 C2C 电子商务，拍卖网为消费者提供了更为自由的交易方式。如图 3-1 所示。

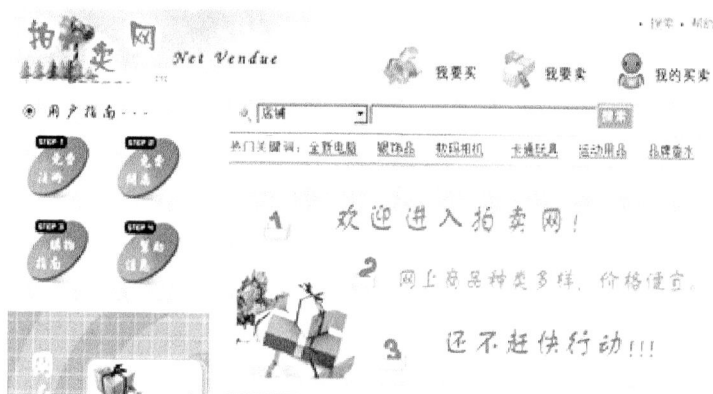

图 3-1　拍卖网主页

C2C 流程如图 3-2 所示。

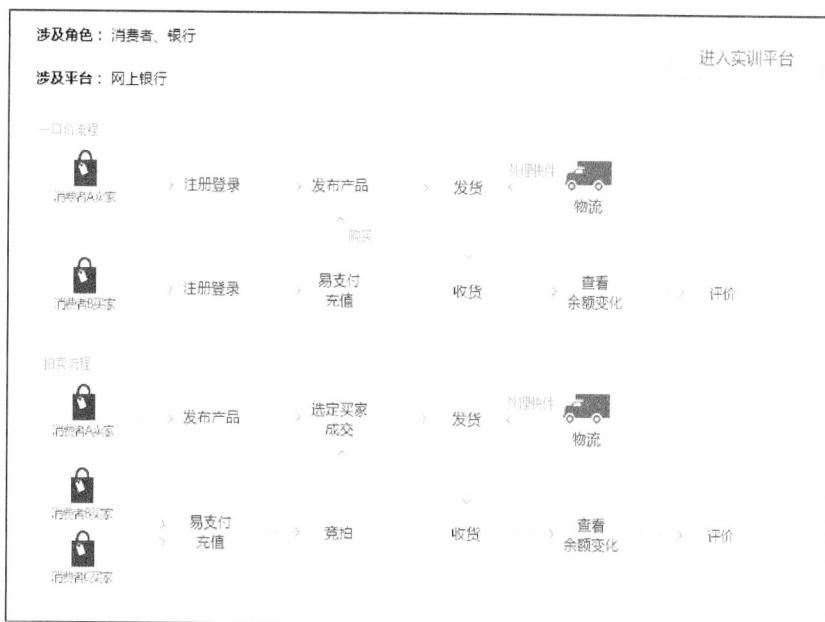

图 3-2　C2C 流程

任务 11 注册与基础设置

说明： 在实践 C2C 流程的"拍卖"环节时，共需要有三名消费者参与这个拍卖的活动。因此用户需要使用三个不同的账号分别注册消费者角色参与这个活动：消费者 A 卖家(易芳)、消费者 B 买家（冯天意）、消费者 C 买家（张明）。

任务指导

1. 角色注册

消费者 A 买家：转换成第一个账号登录，选择消费者角色，根据页面提示注册易芳的信息，点击【确定】初始化消费者角色。

消费者 B 买家：转换成第二个账号登录，选择消费者角色，根据页面提示注册冯天意的信息，点击【确定】初始化消费者角色。

消费者 C 买家：转换成第三个账号登录，选择消费者角色，根据页面提示注册张明的信息，点击【确定】初始化消费者角色。

2. 银行账户服务

分别为消费者 B 买家和消费者 C 买家开立个人账户、开通网银、申请个人 CA 证书和下载安装个人 CA 证书，操作步骤详见"项目一 B2C 电子商务"中消费者的相关操作说明。

任务训练

案例情景

淘宝网（Taobao，口号：淘！我喜欢）是亚太地区最大的网络零售商圈之一，致力打造全球领先网络零售商圈。淘宝网现在业务跨越 C2C（个人对个人）、B2C（商家对个人）两大部分。淘宝网的 C2C（客户对客户）个人网上交易平台，主要用于商品网上零售，也是国内最大的拍卖网站，由阿里巴巴公司投资创办。它创造了网络最大销售量的奇迹。

"淘宝网是国内首选购物网站，亚洲最大购物网站。自成立以来，淘宝网基于技术和服务实力，迅速成为国内网络购物市场的第一名。淘宝网在线商品达到 8 亿件，日独立用户数突破 900 万，就等于每天有 900 万人上淘宝"逛街"。淘宝网拥有 3.7 亿注册用户，其中 20~24 岁的用户占 34.8%，25~29 岁的用户占 35.4%，30 岁以上的用户占 26.4%。淘宝网主体人群为"80 后"。淘宝网销售排名前三的产品是服装、手机和化妆品。如图 3-3 所示。

图 3-3　淘宝网主页

准确的市场定位、与众不同的市场推广、高端的科学技术、优质的客户服务、环环相扣的营销策略都是淘宝网迅速发展壮大的有利条件。现在，淘宝网已经成为广大网民网上创业和以商会友的首选。奇迹归于几千万网商的点滴积累。2011 年 3 月 22 日，由民政部社会福利和慈善事业促进司指导、《商业价值》杂志社主办的"2011 中国企业 CSR 竞争力评选"在北京隆重召开。新浪财经全程直播，中国企业 CSR 竞争力获奖企业——淘宝网。

【案例思考】

1. 结合案例，通过网络搜索及你对淘宝网的了解，谈谈淘宝网的盈利模式、业务模式及营销策略。

2. 是什么造就了淘宝网的辉煌？

任务 12 卖家发布商品信息

任务指导

1. 竞拍模式

消费者 A 卖家：易芳在拍卖网注册账号并登录，点击【免费注册->输入密码、验证码->勾选同意协议选项->立即注册】，完成在拍卖网上的账号注册。如图 3-4 所示。

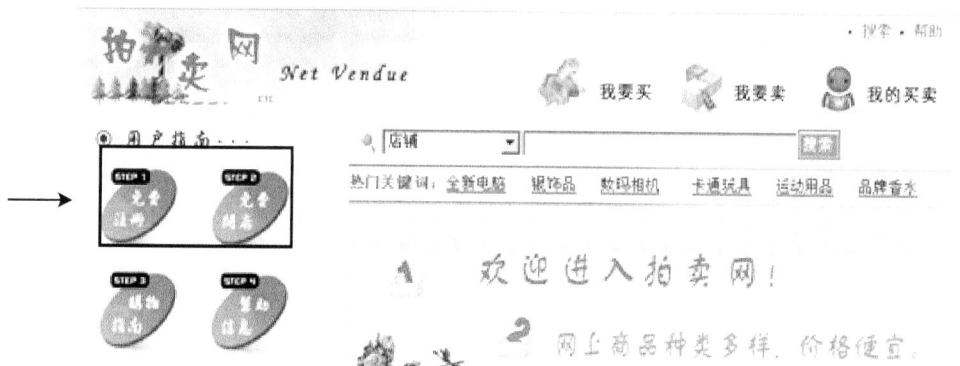

图 3-4 拍卖网免费注册

账号注册完成后，易芳使用刚注册好的账号登录拍卖网，点击【登录】按钮登录账号。

易芳自由发布自己的商品到拍卖网，供其他用户查看并出价购买，点击【我要卖->发布商品->拍卖->填写信息->确定】。如图 3-5 所示。

图 3-5 卖家发布商品

当易芳成功登录到拍卖网平台时，会看到用户竞买和发布的产品记录，在"我的买卖"里集中管理。如图 3-6 所示。

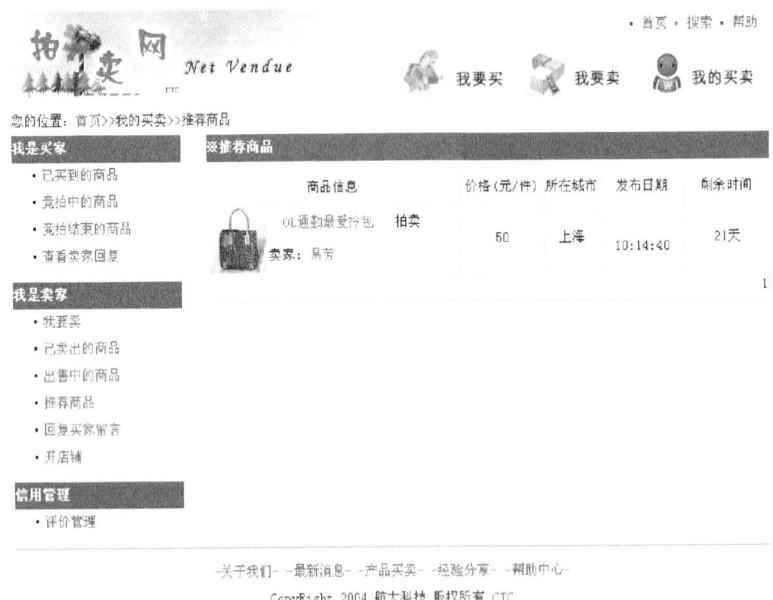

图 3-6 我的买卖页面

当易芳不再想出售该商品时，也可以随时将该商品下架，点击【我的买卖->出售中的宝贝->选择要下架的商品，下架】。

2. "一口价"模式

易芳还可以采用"一口价"直接销售的模式发布商品信息，点击【我要卖->发布商品->一口价->填写信息->确定】，发布商品信息。

任务训练

案例情景

赶集网是中国最大、最活跃的本地生活信息门户。自 2005 年成立以来，赶集网就受到广大网民的青睐，迅速普及到大众的日常生活中。经过多年的发展，赶集网的服务已经覆盖了人们日常生活的各个领域，遍及全国各地。截至 2010 年 8 月，赶集网日均 30 万人发帖、350 万人访问，页面访问量达 4000 万人。并且，赶集网的每天信息都经过专业的反垃圾系统过滤，甚至需要经过严格的人工审核，以确保信息的真实有效。全球知名互联网监测分析机构 comScore 公司 2009 年与 2010 年第一季度的数据显示，赶集网的用户黏性持续稳居中国分类信息网站之首。如图 3-7 所示。

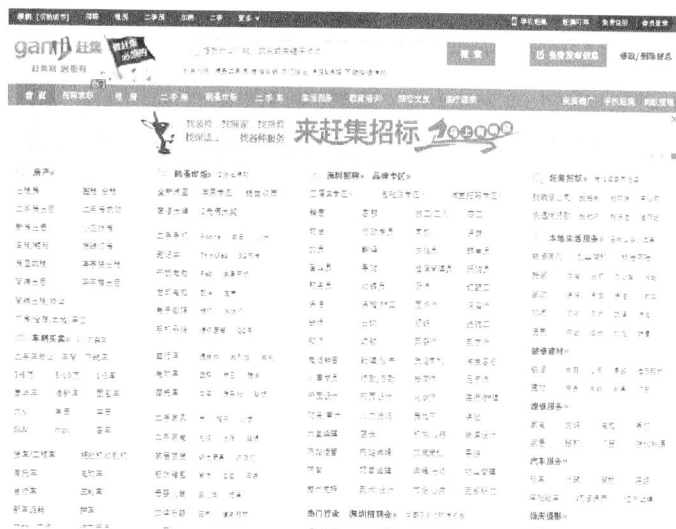

图 3-7　赶集网主页

【案例思考】

试分析赶集网成功的原因。

任务 13　买家购买商品

任务指导

1. 竞拍模式

当消费者 A 卖家采用了"拍卖"的模式进行商品营销时，消费者 B 买家和消费者 C 买家都参与了这次的拍卖竞价。

消费者 B 买家：冯天意在拍卖网注册账号并登录，点击【拍卖网->免费注册->输入密码、验证码->勾选同意协议选项->立即注册->登录】。

为了支付购买商品的费用，冯天意要进行网上银行存款。点击【柜台业务->储蓄业务->存款（请根据实际情况进行充值）->提交】，完成充值。

温馨提示：当用户成功充值后，可以在【柜台业务->储蓄业务->存款】下查看到最近成功充值的记录。

消费者 B 买家：冯天意在网上浏览商品时看到了笔记本电脑的拍卖活动，并对该商品进行了出价，点击【我要买->搜索商品->要购买的商品->马上购买->填写拍卖的价格->出价->选择收货地址->确定出价】。如图 3-8 所示。

拍天卖网 *Net Vendue*
CTC

· 首页 · 搜索 · 帮助

我要买   我要卖   我的买卖

| 商品分类 | 高级搜索 | 店铺 |

您的位置：首页>> 所有商品>>电脑/软件/网络/办公>>全新笔记本电脑>>IBM

怎样买宝贝？

IBM R51-JWC 拍卖价

宝贝价格：	10000.00 元	
加价幅度	200元	
剩余时间：	13天	
运 费：	卖家承担运费	
	平邮：20 元 快递：50元	
所在地：	杭州	
宝贝数量：	1	

卖家档案

给我留言

注册时间： 11:06:54
总评分数：0
信用详情

瞧瞧推荐宝贝

点击看大图   马上购买！

· **商品详情**

迅驰1.8G(DOTH)/512M/60G/14.1″TFT/COMBO/56K/1000M/1394/无线网卡/WINXP

· **其他信息**

开始时间：	10:02:21	保修：	是
结束时间：	10:02:21	发票：	有
付款方法：	款到发货	编号：	ZheKe44

马上购买！

· **出价记录**

买家	出价	需要数量	获得数量	时间	状态

· **留言簿**

· **继续逛逛**

MOTOV500
1300.00

IBM R51-···
10000.00

对卖家提问

-关于我们- -最新消息- -产品买卖- -经验分享- -帮助中心-

CopyRight 2004 航大科技 版权所有 CTC

图 3-8 拍卖商品页面

消费者冯天意还可以给卖家留言，对卖家描述自己的相关需求。如图 3-9 所示。

图 3-9　给卖家留言页面

消费者 A 卖家：卖家在收到留言后，可以点击【我的买卖->回复买家留言->回复】，查看并给买家回复留言。

消费者 B 买家：买家也可以点击【我的买卖->查看卖家回复->回复】，查看卖家回复的留言信息。

消费者 C 买家：张明同样注册了一个拍卖网账号，登录后台页面并往个人账户内充值，参见角色消费者 B 买家的相关操作介绍。

张明也同时参与了该笔记本电脑的拍卖活动，于是就点击进入该商品的拍卖界面，并查看到了该商品的详细信息及其他消费者的出价记录。

张明在查看了该商品的信息后，觉得这个笔记本电脑的性能不错并且目前的竞价也不高，于是也参与了拍卖竞价购买商品。【我要买->搜索商品->要购买的商品->马上购买->填写拍卖的价格->出价->选择收货地址->确定出价】。

消费者 B 买家和消费者 C 买家经过几次的竞价后，消费者 C 买家考虑到了性价比的原因退出了这次的拍卖竞价活动，最终消费者 A 卖家选择与消费者 B 买家成交这笔交易。

消费者 A 卖家：易芳最终选择了冯天意作为这次拍卖活动的交易方，成交此次拍卖订单。

2."一口价"模式

假设消费者 A 卖家选择的是以"一口价"的营销模式出售该笔记本电脑，消费者 B 买家在 C2C 平台查看并出价购买了该笔记本电脑，则它的交易流程如下：

消费者 B 买家：冯天意使用商品搜索栏查找笔记本商品信息，填写搜索信息，点击【搜索】进行查看。

冯天意也可以通过点击【我要买】查看各种类别的商品信息。

冯天意在搜索商品信息时看到了易芳发出的笔记本电脑的销售信息，点击进入该笔记本电脑的销售页面，查看商品的销售信息。用户还可以查看到该商品的宝贝详情、评价详情和成交记录。

最后冯天意决定要购买该笔记本电脑，点击【填写购买的数量–>马上购买–>确认支付】对商品进行出价购买。

温馨提示：

（1）当消费者第一次购买商品时需要在点击【马上购买】后填写收件地址。

（2）消费者在点击了【马上购买】按钮购买了商品后还可以修改收件地址，点击【修改】后选择其他的收件地址或者是再添加一个新的收件地址。

消费者 B 买家：冯天意还可以对卖家留言，催促卖家尽快发货，冯天意可以在"给卖家留言"中添加自己的留言信息。

任务训练

通过学到的网上开店的相关知识，简述如果你有一家淘宝店铺，店铺里上传的商品已有 16 件，那你怎样开通自己的店铺呢？怎样具体操作呢？

任务 14　卖家发货及物流公司配送货物

任务指导

1. 卖家发货

消费者 A 卖家：交易达成后，易芳需要给买方发货，点击【我的买卖->已卖出的宝贝->待发货->选择物流，确认】。如图 3-10 所示。

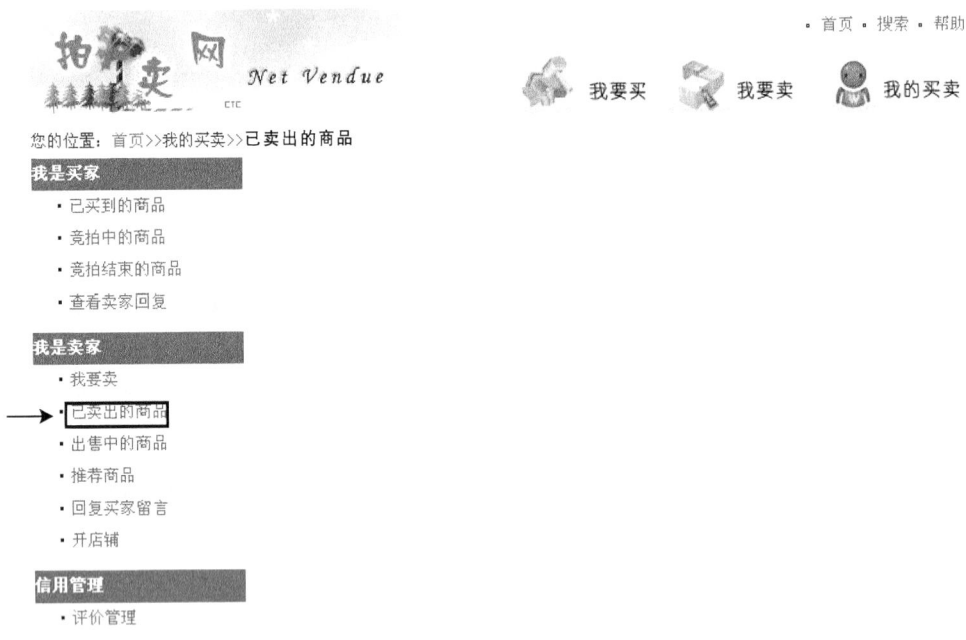

图 3-10　卖家发货页面

2. 物流公司配送货物

物流：上海中铁物流有限公司在收到来自易芳的快递订单后，立即进行了订单处理，操作步骤详见"项目一　B2C 电子商务"中物流的相关操作说明。

任务训练

案例情景

易趣网是中国著名的电子商务公司，于 1999 年由邵亦波和谭海音合作创办，易趣网上以竞价、一口价及定价形式，为个人及大、小商家提供了低成本、高流量的销售渠道，为买家提供了价廉物美的各式商品，包括电脑、手机、服饰等。目前，易趣网上交易活跃，每 30 秒有新登商品，每 10 秒有人出价，每 60 秒有商品成交。其用户可以通过在线交易平台以竞价和定价形式买卖各式各样的物品，其中包括服装、古玩字画、计算机和房地产等。

易趣的客户服务队伍每天 24 个小时监控网站上新登物品，解答用户问题，记录用户建议，并跟踪成交情况以保证交易顺利进行；iTEL（网络+电话）的全程电话导购服务为用户提供了一对一的顾问咨询；定期组织召开网友活动，培养了感情，加强了沟通；个人交易物品速递服务、易付通服务，为成交提供了便利，更极大地方便了异地交易的双方；会员认证制度及信用评价体系进一步完善了易趣网的服务质量，提高了网上交易信用度和成交率。

【案例思考】

1. 结合案例，试分析易趣网的特色。

2. 易趣网成功的因素有哪些？

任务 15 买家确认收货

任务指导

消费者 B 买家：冯天意收取自己购买的商品，点击【收货确认->确定】。如图 3-11 所示。

图 3-11 确认收货页面

温馨提示：冯天意也可以通过拍卖网进行收货确认，点击【拍卖网->登录->我的买卖->已买到的宝贝->确认收货】。

消费者 B 买家：冯天意收到货物确认无误后，还可以对卖家进行评价。点击【拍卖网->登录->我的买卖->已买到的宝贝->未评价->选择评价等级，填写评价内容->提交评论】。

消费者还可以查看到自己在商品交易中作为买家或卖家时收到的评价信息，点击【拍卖网->登录->我的买卖->评价管理】。

任务训练

案例情景

D客商城是目前最大买卖个性商品的专业平台，创始人朱杨林，总部位于广州，于2010年10月10日正式上线。拥有专业的运营管理团队和高级的网络技术人才，强力整合个性定制、手工制作行业的买家和卖家，使供需关系得到完美的平衡。D客商城的创业街专栏为广大网民朋友提供创业平台，为创业者们提供更多更广的发展空间。D客商城正在不断完善和提升自己，为用户提供更多更优质的服务，切实保障各方的权益，力求打造最具影响最具价值的个性定制与手工制作商品的C2C购物平台。

D客是指追求个性、时尚前卫的群体，包括个性时尚的消费者、创业者（创意设计师、淘客、网站主）和制造商等参与者。

网站内容设计上，D客商城从礼品定制经济的产业高度进行规划。它是一家集个性时尚类消费者、创业者和销售商的专业门户，为消费者提供各类定制商品和手工商品的购物平台。

【案例思考】

综合案例，试分析D客商城的商业经营模式、盈利模式、支付模式及配送模式等，提出改进意见与建议，为今后进行电子商务项目策划与实施积累经验。

项目四

B2G 电子商务

一、训练目标

通过 B2G 实践让学生了解政府招标的流程，掌握投标相关资料的编写。

项目任务书

任务名称	B2G 电子商务	任务编号		时间要求	
要求	1. 以 3~5 人为小组查找政府采购平台，熟悉其运行模式 2. 以 5~10 人为一组，合理分配角色，利用相关软件，分别模拟厂家、政府进行 B2G 业务流程各环节的工作内容 3. 提高团队合作能力、提高政府网上采购专业技能				
重点培养的能力	资料查找能力、资料分析能力、团队合作能力、写作能力、沟通能力				
涉及知识	政府机构在网上进行产品、服务的招标和采购的流程及掌握相关资料的编写				
教学地点	教室、机房	参考资料			
教学设备	投影设备、投影幕布、能上网的电脑				

训练内容
1. 听教师讲解案例及相关的知识（时间约　　分钟）
2. 制订工作计划，了解团队要做什么，要达到什么样的目的（时间约　　分钟）；组长进行分工安排，每个人在自己的项目任务书相应栏进行记录（时间为　　分钟），组员开始行动
3. 资料查找分析：资料查找（时间约　　分钟），分析讨论（时间约　　分钟）；得出结论；撰写分析报告（填写任务产出表）（时间约　　分钟）
4. 进行采购体验，模拟完成 B2G 业务流程（时间约　　分钟），分析讨论（时间约　　分钟）；得出结论；撰写分析报告（填写任务产出表）（时间约　　分钟）

训练要求
在完成任务的过程中能自主学习并掌握政府招标、采购流程有关知识；能够在规定的时间内完成相关的资料查找、整理、分析任务；能够在规定的时间内撰写出分析报告；团队制订工作方案，工作有成效（能够进行很好的时间管理），团队合作较好

成果要求及评价标准
成果要求：提交下列书面文件 　1. 本项目组成员分工的情况 　2. 本项目组提交设立政府采购网站平台的流程图 　3. 本项目组提交设立政府通过网络进行投标及采购的优势分析报告

续表

评价标准：
1. 正确提交设立专门网站作为政府采购平台的流程图，找出各网络平台的特点并根据其特点合理选择适当的网络平台，分析报告质量优
2. 能提交设立专门网站为政府采购销售的流程图并选择合适的网络平台，分析报告质量良
3. 分析报告合理但依据不充分的，分析报告质量合格
4. 选择不合理、分析不正确的，分析报告质量差

符合上述标准 1，成绩为优秀，可得 90~100 分；符合标准 2，成绩为良好，可得 70~80 分；符合标准 3，成绩及格，可得 60~70 分；符合标准 4，成绩为不及格，得分 60 分以下；介于这几种标准之间的，可酌情增减分

任务产出一	成员姓名与分工	成　员	学　号	分　工
		组　长		
		成员 1		
		成员 2		
		成员 3		
		成员 4		
		成员 5		
		成员 6		

任务产出二	政府通过网络进行投标及采购的优势分析报告

项目组评价		总分	
教师评价			

二、项目概要

1. 项目情景

政府（教师端）需要购买一批办公桌椅，于是就在政府采购平台上发布了采购办公桌椅的招标信息。浙江金洋贸易有限公司（厂家角色）在政府采购平台上看到政府的招标信息后，经过审核招标项目信息通过后，于是就做了一份详细的投标书并在政府采购平台上进行了投标。等到投标时间截止后，政府经过对各个投标文件进行审查最终选择了浙江金洋贸易有限公司作为这次招标的供货商并定标，同时将意向合同发给了浙江金洋贸易有限公司。浙江金洋贸易有限公司在接收到合同后，查看并进行合同的确认。

2. 项目设置

涉及角色：厂家、政府（教师）。

涉及平台：商贸网、教师端。

政府采购：企业与政府之间通过网络进行交易活动的运作模式。

任务 16　B2G 流程操作

任务指导

教师：从学生端转换成教师端【退出系统–>填写教师账号、密码–>登录系统】。

温馨提示：当用户需要转换成其他身份端口时，可以点击"退出系统"按钮进行身份转换，在后面的身份转换操作将不再重复提示。

教师：首先在政府采购平台上发布政府采购信息，点击【系统设置–>网站管理–>商贸网管理–政府采购信息】，进入政府采购招标页面。

教师：添加招标信息，了解招标书的编写。点击【添加–>填写信息–>保存】完成发布招标书信息。

温馨提示：点击【保存】后，招标信息就会直接发布在政府采购平台上。

厂家：浙江金洋贸易有限公司首先在政府采购平台上注册并登录账号，点击【商务网–>注册会员–>注册–>审核信息，注册–>确定–>登录】完成账号注册。

账号注册后，浙江金洋贸易有限公司在政府采购平台上搜索招标信息，并查找适合自己公司业务的招标公告，点击【政府采购】进行信息查找。如图 4–1 所示。

浙科模拟 商贸网
THE SIMULATION OF E-BUSINESS STATION

注册会员 | 会员登录 | 退出 | 帮助

我要采购　我要销售　网上出口　商业资讯　我的商务助手

我要找 [　　　　　] 供应信息 ▼ 搜索　　截止 16:15　发布信息总数 5

网上贸易 轻松 高效

最新热门供求

· 供应彩屏手机　　　　　· 求购各类家用小家电
· 数码相机
· 供应童装
· 供应手提包

欢迎您! 会员请登录

亲爱的会员您好, 使用商务助手请先 [登录]

发布公司介绍	发布供求信息
查看商业资讯	查看我的留言
参加在线拍购	我的产品目录

◆◆ 免费注册会员

在线拍购
火热登场 go!

商业机会　产品库　公司库　网上拍购　**政府采购**

机械及工业制品 (0)
仪器、仪表 行业专用机械及设备

农业 (0)
粮食 蔬菜及制品

纺织、皮革 (1)
纺织、皮革原料 纱线、线

建材、房地产 (0)
不动产 木材板材

服饰 (1)
服装辅料 帽子

电脑、软件 (1)
消耗品 插卡类

包装、纸 (0)
文化用纸 包装用纸

医药、保养 (0)
药酒、保健酒 保健食(药)品

汽摩及配件 (0)
轮胎 汽车

家用电器 (1)
净水器 饮水机

能源 (0)
石油及制品 煤

环保 (0)
废纸 废金属

印刷、出版 (0)
油墨 薄、本、册

化工 (0)
无机化工原料 有机化工原料

电子电工 (0)
磁性材料 半导体材料

家居用品 (0)
床上用品 家用纺织

食品、饮料 (0)
饮料 酒类

礼品、工艺品 (0)
抽纱及其他工艺纺织 木制工艺品

冶金矿产 (0)
金属矿产 有色金属

办公文教及光仪 (0)
光学及照相器材 耗材

运动、休闲 (0)
旅游用品 宾馆酒店用品

通信产品 (1)
通信产品配件部件 锂电池、镍氢电池

库存积压 (0)
库存农副产品 库存食品、饮料

安全、防护 (0)
锁具 保险柜

交通运输 (0)
自行车、三轮车及配件 铁路、地铁用设备器材

玩具 (0)
木制玩具 塑料玩具

行业咨询　　　　　➔ 更多

经贸 专家预测: 2005年中国经济…
经贸 麦当劳疑含致癌物?

最新加入企业　　　➔ 更多

· 浙江和平设备器材厂

新品展示　　　　　➔ 更多

· 冷暖挂机空调
· 四合一搅拌榨汁机
· 男士休闲鞋
· 网易拍
· 手提包

我要采购 我要销售 注册会员 会员登录 我的商务助手

浙江航大科技开发有限公司 版权所有 2004

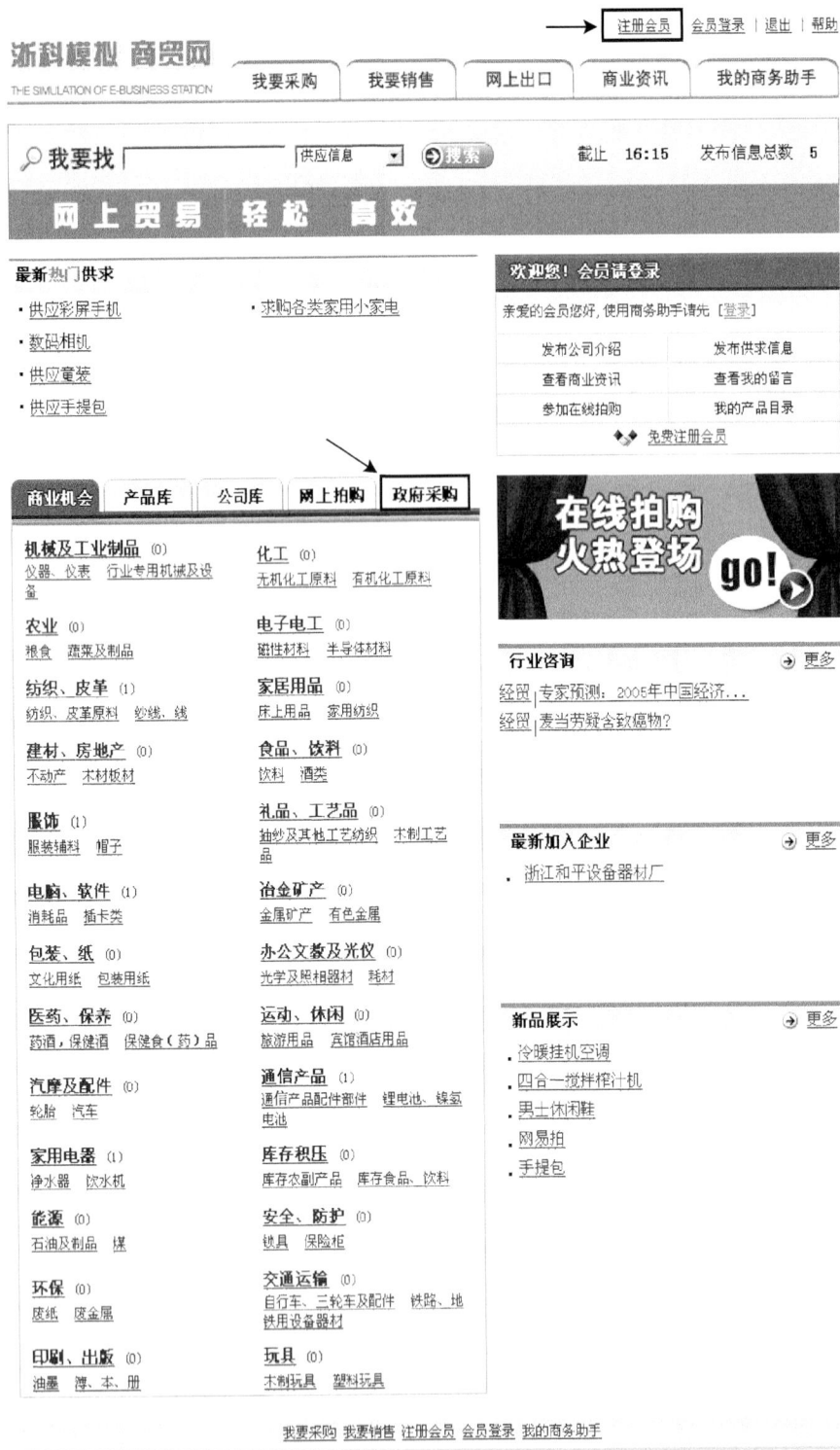

图4-1 商贸网主页

厂家：浙江金洋贸易有限公司查看到政府发布的关于采购办公桌椅的招标文件后，就做了一份详细的投标书并参与投标，点击【参加投标->填写投标信息->投标】。如图 4-2 所示。

在线竞标

重要提醒：
1. 投标报价不得高于参考单价。
2. 凡是投报参考产品或替代产品的，技术性能须符合或高于采购单位要求。
参照"质量保底，价格封顶"的原则，否则一律作废标处理。

招标信息

招标编号： ZBXX2005362117   项目名称：

设备名称	数量	规格	参考单价

其他要求：

用途：

投标信息

投标产品：　　[　　　　　▼]　　　产品品牌：　　[　　　　]

规格型号：　　[sony-7128　　]　　　计量单位：　　[　　　　]

产品重量：　　[0.5　　　　]　　　产品体积：　　[0.1　　　]

详细描述：
◆ 720万有效像素"超级HAD"CCD（740万总像素）
◆ 卡尔183蔡司Vario Tessar镜头
◆ 3倍光学变焦（6倍精确数码变焦 / 14倍智能变焦）
◆ 简单手动功能（自动/程序自动/手动曝光 ）
◆ 真实影像处理器
◆ 快速启动/更短快门延迟和拍摄间隔

投标报价：　　[2300　　　]　　　交货期：　　[　　　　]

承诺与说明：

[投 标]

我要采购 我要销售 注册会员 会员登录 我的商务助手

图 4-2 "在线竞标"页面

教师：教师点击【政府采购招标->查看->定标】，定标成功后，系统会自动给中标厂家发送合同，该合同状态为已经确认。

厂家：当浙江金洋贸易有限公司查看到自己中标后，就对政府发来的合同进行审核，经确定无误后签订合同。点击【销售管理->合同管理->未确认合同->查看->同意】，合同签订成功。如图 4-3、图 4-4 所示。

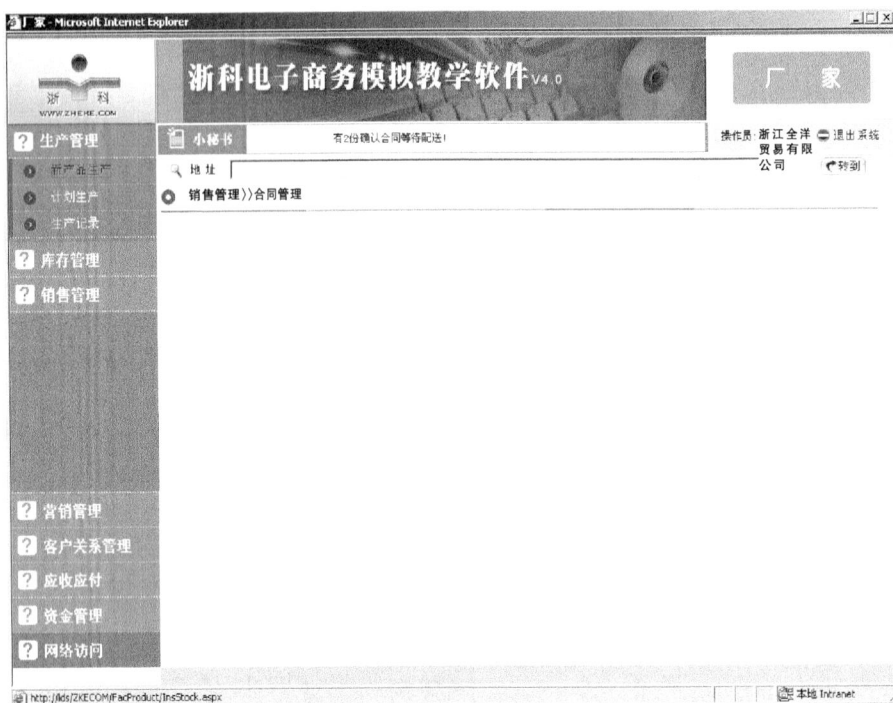

图 4-3 "合同管理"页面

查看：	未确认合同	已确认合同			
合同编号	客户	合同日期	合同总额	状态
0306100323	杭州沃儿购物广场		￥2,300.00	已确认
30306100322	浙江交通局		￥55,000.00	已确认
30306100321	杭州沃儿购物广场		￥3,500.00	已出库
0306100320	杭州沃儿购物广场		￥23,000.00	完成
0303100319	杭州沃儿购物广场		￥24,000.00	已出库
0303100318	杭州沃儿购物广场		￥4,800.00	完成
0303100317	杭州沃儿购物广场		￥7,153.00	完成
0303100316	杭州沃儿购物广场		￥260,000.00	完成
0303100315	杭州沃儿购物广场		￥50,000.00	完成
0302100314	杭州沃儿购物广场		￥10,324.00	完成

1

图 4-4 确认合同页面

至此，流程实践结束。

任务训练

案例情景

深圳政府采购网（http://www.zfcg.sz.gov.cn/）使用自主开发的采购管理系统，在互联网上完成政府采购的全过程，包括网上申报、招标、投标、评标、发布公告、监管等。该系统使政府采购的各种角色在网上协同工作。如图 4-5 所示。

图 4-5 深圳政府采购网主页

该采购系统采用"1+N"的模式，以深圳政府采购网这个统一平台为核心，实现了五个政府采购角色（采购单位、市财政部门、市政府采购中心、供应商和评标专家）和各种采购方式全程上网，功能全面。

同时，由于它在互联网上运行，采购信息公开，招投标的操作不受时间、空间的限制，各地供应商只要在网上就能了解政府采购信息，这极大地拓展了供应商的参与面，形成了更大范围的有效竞争。另外，该系统的采购流程、采购环节、评标程序等自动衔接，评标专家在电子评标室中独立操作，避免了人为因素的干扰，使评标结果公正、公平。

该系统还为采购申报、供应商投标和合同履约等环节设置了预警功能，有利于防止采购前不按计划申报和采购后不按结果履约。系统中的采购流程、采购信息和违规处理等都是公开的，便于接受社会各界的监督。

深圳政府采购网上采购平台在市本级首先使用，现在各区也在推广使用。目前市、区已基本实现了共用统一的平台、统一的专家库、统一的供应商、统一的协议商品展示库，不仅节约成本而且高效。

在信息安全方面，该系统使用广东省电子商务认证中心的、支持 1024 位的、非对称加密算法和 128 位 SSL 加密协议的电子认证系统，保障了信息的机密性、完整性，使信息不可篡改，并通过数字认证和电子签名技术，保证各方在网上完成的任何操作能永久地记载下来。

【案例思考】

1. 除去一般的政府采购，你还知道哪些 B2G 平台？

2. 简要点评一下深圳政府采购信息系统。

参考答案

项目一　B2C 电子商务

任务 1

1. 答：凡客诚品之所以能够取得成功，有以下四方面因素：

（1）使用联盟策略。不管你是浏览某个门户网站，还是进入某个不太知名的中小网站，或者浏览某个人的博客，都会发现 VANCL 的影子。也许你不经意地点击，就进入了 VANCL 的官方网站。然而你却不知道，你已经为你开始登录的那个网站或者博客贡献了一份点击量，他们据此可以从 VANCL 那里领取一定的合作分成，这些都是 VANCL 的"联盟网站"。

（2）注重用户体验，做好称心服务。凡客诚品的公开承诺：当面验货，无条件试穿；商品质量问题，30 天内无条件退换货。

（3）顺应市场需求，丰富产品种类。单一的衬衫已达到了极限，凡客诚品及时推出女装、童装等一批新产品，满足了不同人群的需求。

（4）价廉物美，用品质说话。价格优势，是凡客诚品近几年快速增长的原因之一。据悉，凡客诚品的销售价仅仅是成本的 1.5 倍，这就是凡客诚品可以建立起庞大的网络销售渠道的重要原因。

凡客诚品的成长速度是互联网的奇迹，其最主要的原因是成功的运用电子商务开展网络营销，用最低的成本打造出了最有影响力的品牌。

2. 答：VANCL 的网络直销模式也存在不足之处，需要注意以下问题：

（1）明确企业定位，强化核心竞争力。凡客诚品没有自己的工厂，其产品都是由国内外的知名企业为其代工。凡客诚品现在所要做的就是明确自己的定位，是一家服装企业，还是一个在线销售平台，如果是后者的话，恐怕还会重蹈 PPG 的覆辙。

（2）树立品牌形象。加强品牌塑造，名牌变品牌，从细节开始。塑造品牌，人们往往重视的是广告、市场推广、促销、事件营销、公关传播等方面的活动，习惯于大策划、大手笔、大投入来制造轰动性的效果。然而，在信息海量的今天，VANCL 做品牌更需要关注细节，因为细节更能培养目标消费群的品牌忠诚度、信任度、美誉度；在细节上的失误，更容易使目标消费群对品牌失去信心，从而对品牌造成更大的伤害。做品牌就是做细节。细节决定成败。VANCL 必须把细节精神贯穿到各个方面，不断提高客户体验。

（3）明确市场定位。凡客诚品以男士商务衬衫起家，现在的产品覆盖了男装、女装、童装、鞋、配饰、家居用品六大类，产品是很丰富了，但在整体上缺乏明确的市场定位，因此反而不那样个性鲜明。凡客诚品可以通过进行行业分析和自身分析，找出自己的优势领域，并加强宣传与努力，形成自己特有的东西。毕竟多元化经营不同于标准化的男士衬衣，其承担的风险更大。

任务 2

1. 答：京东商城商务模式成功的因素有：

（1）清晰、合理的网站页面设计，使用户迅速找到自己所需的商品。

（2）超低的价位。

（3）优质的商品。

（4）方便快捷的订购流程。

（5）超快捷的配送速度及配送方式。

（6）优质的售后服务。

（7）有自己优秀的配送团队。

（8）永不设立实体店，大大降低成本。

（9）合理的仓库配置及库存。

（10）良好的用户口碑。

2. 答：服务体系包括：①全场免运费为用户"零化"配送成本。②移动互联网"多元化"掌上应用。③"211限时达"极速配送。④GIS包裹实时跟踪系统给包裹装上"定位"。⑤京东商城购入数字短域名。⑥开放物流配送。

任务3

1. 答：成功的关键首先是企业重视互联网在市场营销中的作用，所以才能获得这条信息。如果没有互联网，这家乡镇企业要想和西门子直接做生意的可能性是很小的。特别是对于那些从事国际贸易的企业来说，网络营销是最好的贸易通道。其次是企业通过主动联系，能为客户提供价廉物美的产品，赢得客户的信任。网络营销对于企业营销最大的特点还在于它营销成本的低廉。作为一种经济且实惠的营销手段，网络刚好满足了企业的这种需求。互联网时代，企业营销不再是传统形态下的点对点的链条状或者面对面的片状，而是通过互联网以三维的方式，以几何方式传播。利用互联网进行网络营销与传统的营销手段相比成本要低得多。

2. 答：与传统商务相比，对电子商务的定义和特点新的理解：

（1）在网上营销（获取信息）、在网下行销（商品交易）的模式，特别适合小型企业。这也属于网络营销的范畴。

（2）该案例体现了"以互联网络为媒体，更有效地促成交易活动实现"的新型营销模式。

（3）该案例体现了"跨时空"、"互动式"、"经济性"的网络营销的特点。

任务 4

1. 答：戴尔成功的主要因素：决定戴尔直销系统成功与否的一个关键是要建立一个覆盖面较大、反应迅速、低成本的物流网络和系统。戴尔公司率先引入网络直销模式销售其产品，直接销售使公司每年数百万计算机或计算机系统都实现了一对一的客户关系，就是每台计算机都是根据客户具体要求生产，并在一定程度上为顾客提供了"个性化定制服务"。而且，明显的价格优势、优良的产品品质、优质的售后服务等，成就了戴尔公司美国第一大电脑系统销售商，工作站销售全球和美国第一名，标准服务器全球和美国第二名的骄人业绩。但是，并不是所有企业、所有产品、在任何地区都适合引入网络直销，即使适合也要考虑其他条件，例如物流手段、消费习惯等是否能满足要求。

2. 答：戴尔公司是商用桌面 PC 市场的第二大供应商，其销售额每年以 40% 的增长率递增，是该行业平均增长率的两倍。年营业收入达 100 亿美元的业绩，使它位居康柏、IBM、苹果和 NEC 之后的第五位。戴尔公司每天通过网络售出的电脑系统价值逾 1200 万美元，面对骄人的业绩，总裁迈克尔·戴尔说，这归因于物流电子商务化的巧妙运用。

在戴尔的直销网站（http://www.de11.com）上，提供了一个跟踪和查询消费者订货状况的接口，供消费者查询已订购的商品从发出订单到送到消费者手中全过程的情况。戴尔对待任何消费者（个人、公司或单位）都采用定制的方式销售，其物流服务也配合这一销售政策而实施。戴尔的电子商务销售有八个步骤。

（1）订单处理。在这一步，戴尔要接收消费者的订单，消费者可以拨打 800 免费电话接通戴尔的网上商店进行网上订货，也可以通过浏览戴尔的网上商店进行初步检查，首先检查项目是否填写齐全，然后检查订单的付款条件，并按付款条件将订单分类。采用信用卡支付方式的订单将被优先满足，其他付款方式则要更长时间得到付款确认，只有确认支付完款项的订单才会立即自动发出零部件的订货并转入生产数据库中，订单也才会立即转到生产部门进行下一步作业。用户订货后，可以对产品的生产过程、发货日期甚至运输公司的发货状况等进行跟踪，根据用户发出订单的数量，用户需要填写单一订单或多重订单状况查询表格，表格中各有两项数据需要填写：一是戴尔的订单号；二是校验数据。提交后，戴尔将通过因特网把查询结果传送给用户。

（2）预生产。从接收订单到正式开始生产之前，有一段等待零部件到货的时间，这段时间叫作预生产。预生产的时间因消费者所订的系统不同而不同，主要取决于供应商的仓库中是否有现成的零部件。一般地，戴尔要确定一个订货的前置时间，即需要等待零部件并且将订货送到消费者手中的时间，该前置时间在戴尔向消费者确认订货有效时会告诉消费者。订货确认一般通过两种方式，即电话或电子邮件。

（3）配件准备。当订单转到生产部门时，所需的零部件清单也就自动产生，相关人员将零部件备齐传送到装配线上。

（4）配置。组装人员将装配线上传来的零部件组装成计算机，然后进入测试过程。

（5）测试。检测部门对组装好的计算机用特制的测试软件进行测试，通过测试的机器被送到包装间。

（6）装箱。测试完后的计算机被放到包装箱中，同时要将鼠标、键盘、电源线、说明书及其他文档一同装入相应的卡车运送给顾客。

（7）配送准备。一般在生产过程结束的次日完成送货准备，但大订单及需要特殊装运作业的订单可能花的时间要长些。

（8）发运。将顾客所订货物发出，并按订单上的日期送到指定的地点。戴尔设计了几种不同的送货方式，由顾客订货时选择。一般情况下，订货将在2~5个工作日送到订单上的指定地点，即送货上门，同时提供免费安装和测试服务。

戴尔的物流从确认订货开始。确认订货是以收到货款为标志的，在收到用户的货款之前，物流过程并没有开始，收到货款之后需要两天时间进行生产准备、生产、测试、包装、发运准备等。电子商务化物流使戴尔公司既可以先拿到用户的预付款，待货运到后货运公司再结算运费（运费还要用户自己支付），戴尔既占压着用户的流动资金，又占压着物流公司的流动资金，按单生产又没有库存风险。戴尔的竞争对手一般保持着几个月的库存，而戴尔的库存只有几天，这些因素使戴尔的年均利润率超过 50%。当然，无论什么销售方式，首先必须对用户有价值。戴尔的电子商务型直销方式对用户的价值包括：一是用户的需求不管多么个性化都可以满足；二是戴尔精简的生产、销售、物流过程可以省去一些中间成本，因此戴尔的价格较低；三是用户可以享受到完善的售后服务，包括物流、配送服务以及其他售后服务。戴尔公司给我们提供了电子商务化物流的先河，如何实现电子商务化物流是目前企业所面临的问题，而能否提供电子商务化物流增值服务现在已成为衡量一个企业物流是否真正具有竞争力的标准。

任务 5

答：My8848 在 2000 年的失误分析：

（1）没有有效利用电子商务网站吸引到大量用户的注意力，创造新的盈利增长点。

（2）资本运作不规范，在成立之初就为自己埋下了股权混乱的种子，如万泉河投资未及时到位。各股东之间一直协调不善，对网站的生存构成了严重的威胁。

（3）投资方急于上市进行风险炒作，高层管理人员出现重大变动。

My8848 在 2003 年的电子商务策略分析：

（1）My8848 采用"大而全"的商业模式，号称有商品十几万种，商品种类跨度太大，像个百货商场。公司缺乏多品种商品的销售经验和明晰的收益模式，盲目使用折扣手段，最后导致网站垮台。

（2）8848 在品牌上的投入和公司董事长的知名度，使 8848 成立时就拥有巨大的品牌影响力。为维持这一品牌，My8848 不得不继续在宣传上投入大量资金。

（3）My8848 主要采用折扣促销的销售策略，许多商品实际上是亏本销售。加上物流、结算等环节不配套，从而导致企业亏损额急剧上升。

（4）公司和供货商之间是以赊销的方式进行业务交往的，一般 30~90 天结算一次货款。由于公司销售不畅，使得公司大量拖欠供货商货款，供货渠道受阻。

从 My8848 的失败中认识到企业开展 B2C 电子商务必须注意的因素为：

由于消费者需求与产品市场需求存在着购买品种多、购买数量较少、配送地域分散等差异，我们在开展 B2C 商务模式时必须要注意以下几方面：

第一，股权明确，优秀的领导团队，有明晰的收益模式和正确的经营策略及手段。

第二，在经营品种方面进行特色定位，不能把传统商务百货商店的经营品种直接拿到网上。My8848 在 2000 年确定的大而全的经营范围，直接造成该公司资金紧张。

第三，密切关注现金流量，做好财务管理工作。网站为了生存和发展，不能总是在培育市场，必须要有盈利可能。

第四，确保客户访问量能转化成盈利业务，避免盲目增加免费服务。

第五，根据 CNNIC 发布的《中国互联网络发展状况统计报告》中对网民的分析结果，不断调整网络营销策略，不能盲目"烧钱"。

第六，网站总体设计要有特色，针对当前网民年龄普遍较小、喜爱网页动画的情况，适当增加网页的视觉效果。

第七，创建有特色的在线社区，聚集目标客户，宣传产品及网站。

综上所述，做 B2C 要求有更多的钱，因为 B2C 是商业零售，它比门户多出了流动资金、仓储、物流、配送等费用。电子商务公司供货商建立信誉时比传统商场更为困难。如果想使渠道稳定，建立信誉的唯一方法是在合作初期保持结款的顺利。因为一旦资金紧张，供货商的账期会立即缩紧。这些问题都在 My8848 资金难以到位后瞬时显现出漏洞，并且最终难以弥补。此外还有管理层与经营层出现严重分歧等其他原因。

项目二 B2B 电子商务

任务 6

1. 答：成功原因为：

（1）阿里巴巴的 B2B 模式与外国不同:欧美的 B2B 多以为大企业省钱、省时间为诉求点，而阿里巴巴则服务于中小企业。

（2）阿里巴巴的梦幻团队，尤其值得聚焦。阿里巴巴梦幻团队给我们的启示，可以让我们警醒并检讨自己，直面团队问题，激发方案灵感，从此无须寻找任何理由来搪塞自己，蒙骗自己，让矛头直指问题核心并找到解决方案。

（3）战略的重要对一个企业而言，从来没有人敢忽视。

（4）没有自己文化的企业永远形不成优秀的团队。

（5）独特的经营模式和收益模式。

2. 答：阿里巴巴网站运营模式的主要特点为：

（1）专做信息流，汇聚大量的市场供求信息。

（2）阿里巴巴采用本土化的网站建设方式，针对不同国家采用当地的语言，简易可读，这种便利性和亲和力将各国市场有机地融为一体。

（3）在起步阶段，网站放低会员准入门槛，以免费会员制吸引企业登录平台注册用户，从而汇聚商流，活跃市场，会员在浏览信息的同时也带来了源源不断的信息流和创造无限商机。

（4）阿里巴巴通过增值服务为会员提供了优越的市场服务。

任务7

1. 答：环球资源的成功因素包括：

（1）对市场、供应商需求、买家需求的深入了解，为买卖双方搭建国际贸易的桥梁，使客户的投资得到高利润的回报。

（2）对行业之间的差异性有充分了解。

（3）对各个国家和地区在交易方式、偏好、习惯等方面有深入了解，并能相应做出合适的公司策略以降低买卖双方沟通、交易的难度。

（4）网站、杂志、行业报告和贸易展览会等多种媒体相辅相成，并使用多重曝光的方式，有利于买卖双方更容易达成交易。

（5）为供应商量身定做最优的整体出口推销方案。

2. 答：环球资源的成功之处在于它不但提供电子商务交易平台，而且还为客户提供了包括杂志、行业分析、贸易展览会等一切可能的交流渠道。立体式的服务，使客户得到了更多的贸易机会，很好地解决了信息流问题。其在世界贸易中十分成功，但在中国，由于不熟悉国情等原因，迟迟未能取得良好的业绩。虽然，现在的环球资源还不是国内最为成功的B2B电子商务运营商。掌握大量优质买家资源以及多年国际贸易经验，我们有理由相信随着对中国市场了解的加深，环球资源有一天会在中国复制它的成功。

任务8

1. 答：亚马逊盈利的主要来源：

（1）广告收入及信息增值服务收费。

（2）电子商务销售利润。

（3）借贷。

（4）风险资金。

（5）上市融资。

2. 答：亚马逊特色：

（1）与众不同的经营方式。

（2）独具特色的营销模式。

（3）非传统方式的竞争战略。

（4）独特的融资和资本运营方式。

3. 答亚马逊成功的启发：

（1）网络公司是可以通过网上销售获利的，但不是销售所有商品都能做到这一点，只是部分精心选择的商品。

（2）这种商品最好是体积小、重量轻但价值相对高的商品，这样可以减少运输的成本。

（3）不要经营有时间限制的商品，不要做等米下锅这样的生意，实际上，那根本不是网络公司的强项。

（4）不要试图介入传统行业，那也不是网络公司的特长。

（5）不要单纯使用低物价来吸引客户。

（6）个性化。

（7）经营垄断性商品，如独家代理商品。

（8）尽可能给商品增加附加值。

任务 9

1. 答：因为第三方物流是社会化大分工的产物，主要接受客户的委托，提供专业化的物流代理服务，它具有以下优势：①第三方物流可以使宝洁公司集中精力发展自己的核心业务。公司无须投入巨额资金去建立自己的物流体系，减少了资金占用和设备闲置。②利益一体化是第三方物流企业的利润基础，第三方物流公司的利润来源与客户的利益是一致的，源于与客户一起在物流领域创造的新价值，为客户节约的物流成本越多，利润率就越高。③第三方物流是客户的战略投资人和风险承担者，第三方物流公司追求的不是短期的经济效益，它是以一种投资人的身份为客户服务的，它的收益很大程度上取决于客户业务量的增长，这就形成了双方利益一体化的基础。④第三方物流是客户的战略同盟者。

第三方物流的这些优势，不仅可以降低宝洁公司的物流成本，而且还能使之获得更专业的物流服务。

宝洁公司将物流业务外包给第三方物流公司，可以充分利用物流公司专业化物流设备、设施和先进的信息系统，发挥专业化物流运作的管理经验，取得最优的效果，企业可以不再保有仓库、车辆等物流设施，对物流信息系统的投资也可转嫁给第三方物流企业来承担，从而减少投资和运营物流的成本；还可以减少直接从事物流的人员，从而减少工资支出；提高单证处理效率，减少单证处理费用；由于库存管理控制的加强还可降低存货水平，削减存货成本；通过第三方物流企业广泛的节点网络实施共同配送，可大大提高运输效率，减少运输费用等。

在服务方面，利用第三方物流企业信息网络和节点网络，能够加快对客户订货的反应能力，加快订单处理，缩短从订货到交货的时间，进行门对门运输，实现货物的快速交付，提高客户满意度；通过其先进的信息技术可加强对在途货物的监控，及时发现、处理配送过程中的意外事故，保证订货及时并安全送达目的地，从而提高企业的客户服务水平。

2. 答：因为宝洁公司经过调查评估，发现当时国有物流企业业务单一，要么只管仓库储存，要么只负责联系铁路运输，而且储存的仓库设备落后，质量保护体系不完善，运输中信息技术落后，员工缺乏服务意识，响应时间和服务可靠性得不到保证。这将会直接影响宝洁公司产品的销售。

而作为私营企业的宝供公司，以"质量第一、顾客至上、24 小时服务"的经营特色，提供"门到门"的服务。并且围绕着宝洁公司的物流需求，宝供设计了业务流程和发展方向，制定严格的流程管理制度，对宝洁公司产品"呵护备至"，达到了宝洁公司的要求，同时宝供长期良好合作的愿望以及认真负责的合作态度，受到了宝洁公司的欢迎，使得宝供顺利通过了考察。宝洁公司最终选择了宝供作为自己的合作伙伴。

宝供公司的优势在于，虽然是私营企业，但却具有全新的管理理念，经营上以质量第一、顾客至上为宗旨，服务上能紧密贴近客户需求，提供全方位的服务，并在企业的自身管理上制定严格的流程和管理制度，把顾客当作战略合作伙伴来重视，赢得了客户的信任与好评。

任务 10

答：联想集团通过免息分期付款、在线支付的创新销售模式和电子支付方式，大大激发了消费者的购买欲望，方便了客户，拓展了市场，提高了销售业绩。

因为电子支付是指单位、个人（简称客户）直接或授权他人通过电子终端发出支付指令，实现货币支付与资金转移的行为。在线支付是指卖方与买方通过因特网上的电子商务网站进行交易时，银行为其提供网上资金结算服务的一种业务。它为企业和个人提供了一个安全、快捷、方便的电子商务应用环境和网上资金结算工具。

在线支付不仅帮助企业实现了销售款项的快速归集，缩短收款周期，同时也为个人网上银行客户提供了网上消费支付结算方式，使客户真正做到足不出户，网上购物。

项目三　C2C 电子商务

任务 11

1. 答：关于淘宝网的盈利模式、业务模式及营销策略分别作答如下：

第一，淘宝网的盈利模式：

（1）广告收入。①品牌广告。②钻石展位。③超级卖霸。④搜索竞价。⑤淘宝客。⑥阿里妈妈广告。

（2）增值服务收入。①软件与服务。②淘宝旺铺。③店铺服务费。④淘宝商城收费。

第二，淘宝网的业务模式及营销策略：

（1）C2C模式交易平台。淘宝网所提供的是用户对用户的交易模式，其特点类似于现实商务世界中的跳蚤市场。其构成要素，除了买卖双方外，还包括淘宝网所提供的交易平台，即类似于现实中的跳蚤市场场地提供者和管理者。在这个C2C模式中，淘宝网起着举足轻重的作用。首先，淘宝网还担负着对交易过程和买卖双方信用的监督和管理职能，最大限度地防止网络欺骗的产生。其次，淘宝网为买卖双方提供技术支持服务。正是由于有了这样的技术支持。C2C模式才能够在短时间内迅速为广大普通用户所接受。淘宝网的开发、维护和运作需要大量的资金。要想生存和发展，除了依靠广告带来的利润外，还必须为其会员提供更加完善和个性化的服务，最大限度地提高会员的忠诚度，并不断发展新会员。这样在聚集了一定人气基础以后，才能选一个适当的时机，向交易中的买卖双方实现其存在与发展的资金补充，并在最后产生利润，这实际上也是淘宝网对其盈利模式的规划。

（2）B2C型淘宝商城。多年来，淘宝网一直专心地耕耘C2C，为网上购物聚拢起浓厚的人气。但C2C却很难满足增强型消费者的需求，因为淘宝本身对商品并没有筛选。因此，淘宝需要C2C这样的集市，也需要淘宝商城这样的百货公司，淘宝品牌商城应运而生。商城成立至今品牌数已超过1万个，企业商家数已逾万家，现已成为国内最具影响力的B2C交易平台之一。

（3）网站初期的营销。在建设初期，淘宝网并没有国内C2C市场的领先优势，只是一个市场跟随者，但能够在短短的两年时间内超过eBay易趣，在消费者心目中拥有广泛的知名度和信任度，这与淘宝网实施的推广策略紧密相关。

①"农村包围城市"。由于国家加强了对短信的规范力度，使得一大批中小型网站和个人网站失去了利润的来源而难以为继。而为了应对eBay易趣的门户网站封杀，淘宝网以较低的成本，将广告放到这些小网站上面，通过广告宣传，让广大

消费者知道了有这么一个 C2C 电子商务网站。

②淘宝网与 MSN 等门户网站联盟。由于人们对淘宝网的看法已经发生了很大的转变，因此，淘宝网抓住机会，开始组建战略联盟。淘宝网相继跟 21CN、搜狐和 MSN 建立了合作联盟伙伴关系，从而打破了一度被垄断的排他性惯例。特别是淘宝网一举击败 eBay 与 MSN 中国网站的合作备受关注，因为在 MSN 全球其他国家拍卖合作伙伴里，无一例外都是选择与 eBay 合作。

③利用传媒做市场宣传。淘宝网从 2004 年的北京国际广播电视周开始，就利用热卖的贺岁片《天下无贼》充分提高了其知名度，而且还把道具拿到网上拍卖。另外，淘宝网还独家拍卖《手机》、《韩城攻略》、《头文字 D》等影片中的道具等。凭借这些手段，淘宝网巧妙地利用传媒的影响力制造了文化轰动效果，收到了较好的市场宣传效果。

（4）出类拔萃的网站质量。淘宝网的网站质量在同类网站中是出类拔萃的，这对用户快速熟悉淘宝具有极大的帮助。

①网站界面设计。淘宝网一直坚持不断地改进和创新，使得网站的画面更加简洁，让访问网站的人一目了然。位于主页面右上角的导航系统简单明晰，即使是新手也绝不会感到无所适从。网站上的每一项功能都有丰富而完备的辅助知识和提示，犹如一个随身顾问。网站的布局和颜色搭配合理，给人舒适、轻松的感觉。网站上的商品分类井井有条，一览无余，图字清晰。所提供的搜索功能是目前国内 C2C 网站中最人性化的，其搜索引擎包括简单搜索和高级搜索两种，使消费者可以从各个角度对商品及买家等进行搜索。

②客服中心。淘宝网的"客服中心"是其加强与用户互动的有力举措。一旦用户有什么不明白的问题，就可以到客服中心的页面下寻求解决，客服中心包括帮助中心、淘友互助吧、淘宝大学和买/卖安全四大板块。淘宝网利用客服中心来对用户进行培植和引导，赢得了用户的积极响应。

③虚拟社区。淘宝虚拟社区的成功建立，促进了消费者的信任。它是淘宝与用

户以及用户与用户之间进行交流的好工具。虚拟社区下设建议厅、询问处、支付宝学堂、淘宝里的故事、经验畅谈居等板块。虚拟社区得到了广大用户的高度评价，营造了良好的诚信氛围。

（5）"撒手锏"——免费。免费是短时间聚集人气的关键。特别是中国国内有易趣在前，淘宝网要想迎头赶上，别无他法。网上开店已经成为一种新的创业模式，用免费的方式可以让更多网民乐于尝试。淘宝网从 2003 年 7 月成功推出之时，就以 3 年"免费"牌迅速打开中国 C2C 市场，并在短短 3 年时间内，打下半壁江山，替代 eBay 易趣登上中国 C2C 老大的交椅。2005 年 10 月 19 日，阿里巴巴宣布"淘宝网将再继续免费 3 年"，这样做是为了保证淘宝网龙头老大的地位而实行的战略。2008 年 10 月 8 日，淘宝在新闻发布会上宣布继续免费。

（6）信用体系的建立。

①淘宝网的实名认证。登录淘宝网，在"我的淘宝"点击"实名认证"，进入认证申请页面，会出现选择框"免费个人认证"和"免费商家认证"。填写所需资料，并提供在有效期内证件和固定电话登记。并且淘宝与全国公安部下属身份证查询中心合作，将认证资料移交由国家有关部门进行核对认证，并进行固定电话审核。验证结果以站内信件、电子邮件或者电话告知。一旦淘宝发现用户注册资料中主要内容是虚假的，淘宝可以随时终止与该用户的服务协议。

②利用网络信息共享优势，建立公开透明的信用评价系统。淘宝网的信用评价系统的基本原则是：成功交易一笔买卖，双方对对方做一次信用评价。评价分为"好评"、"中评"、"差评"三类，"好评"加一分，"中评"不加分，"差评"扣一分。淘宝的声誉系统还分别统计了用户作为买家和卖家的好评率，使消费者一目了然，并将用户的信用度形象划分为 15 个等级，从最低级的 1 颗红心到最高级的 5 颗皇冠。

2. 答：造就淘宝辉煌的主要有以下几个方面：

（1）强大的管理功能。

（2）方便的网上买卖系统。

（3）安全的支付系统——支付宝。

（4）人性化的聊天交流工具——阿里旺旺。

（5）快捷的商务辅助系统——淘宝帮家宝。

（6）有效的多种商品分类管理体系。

任务 12

答：（1）赶集网的经营策略是属于一种近些年发展流行的所谓的"近联网"模式。近联网这种商业模式使得整个城市就像一个大社区，城市中的每个人都可以利用网上提供的免费服务，完成就近交易。也正是由于这种近联网模式，让大部分市民可以免费发布信息，不知不觉中提高了网站流量，使网站得到推广。

（2）自成立以来，赶集网一直致力于为广大网民解决身边的实际问题，为人们提供免费的信息发布交换平台，让广大网民切身享受到本地近距离的便捷生活信息服务。

（3）2009 年 5 月，伴随 3G 时代的到来，赶集网适时推出了赶集网手机版。随时随地免费发布和浏览海量生活信息是手机赶集网的最大特色，让赶集网与广大用户的联系更加紧密。

任务 13

答：当上传的商品达到 10 件之后，就可以开通自己的店铺了。具体的操作步骤如下：

（1）以自己的身份登录淘宝网，点击【我的淘宝->已卖出宝贝】，进入"我是卖家"板块。

（2）在左侧的工具栏中，单击【店铺管理】中的【我要开店】。

（3）淘宝会首先展示诚信经营承诺书。要开店，就要接受和签署这一承诺书。其中的内容主要是让店主遵守诚信经营的规则，不参加、不支持、不传播炒作信用的行为，维护淘宝的信用评价体系。单击"同意"后淘宝进入到填写店铺基本信息的页面。

（4）需要填写的基本信息包括店铺名称、经营商品类品、店铺简介。填写完后单击【确定】，店铺已经开通了。

（5）此时单击【管理我的店铺】，就可以对店铺作进一步设置了。

任务14

1. 答：分析案例得知易趣与其他商业网站的区别在于：①易趣的支付方式多种多样。②易趣在信用方面做得很好。③易趣的盈收手段也很特别。④开设企业增值服务。⑤通信产品成为2002年易趣销售热点。

2. 答：可以将易趣的成功因素划分为以下几条：

（1）易趣不光有二手货，还有新品。邵亦波说："易趣不仅是处理闲置物品的平台，网站上出现的新品比例也在不断增加。当'二手拍卖'这个名词刚刚叫开的时候，就有业内专家提出质疑。因为对于以经营二手商品拍卖起家的eBay来说，一个很重要的成功因素就是美国具备了很高的消费水平。在美国市场上，二手物品来源非常丰富，但中国的情况就大不一样了：国内人均收入只有美国人均收入的1/50，消费水平低下、居民消费观念差异导致二手物品贫乏。对此，我们也认识得很清楚，如果缺乏足够的二手物品来源，没有大量的物品在网站上成交，就不能实现规模受益，那么网站盈利的实现只会是海市蜃楼。因此，易趣不能将经营范围锁死在'二手货'上。当越来越多的用户开始尝试将新品放到网上来卖，而买家的响应又是如此积极时，易趣更要鼓励新品交易的成长呢。"随着新品的激增，商品范围也迅速扩张。易趣网站上商品的分类从初期的只有300多个细分类发展到15个大分类，150多个二级分类，500多个三级的商品细分类，覆盖电脑网络、通信器材、体育用品、服装服饰、居家生活、办公文教、旅游休闲、爱好收藏、书籍音像等多个商品流通领域。特别是电脑、通信、服装服饰、体育用品。其中服装商品2/3都是新品；通信产品中，70%是新品，其中手机新品比例达到50%~60%；80%的视听产品、80%的家居和娱乐产品以及40%多的体育用品都是新品。

（2）交易方式也要随内容而变动。随着新品的激增，原有单一的拍卖式交易方式显然已不能满足需要，易趣推行的定价销售方式受到了用户的欢迎。特别是当越来越多的正规企业加入到卖家的行列时，它们要求加快成交的速度。定价销售与原来的拍卖销售结合在一起，提供给用户多种服务选择，满足不同人群的需要，网上分销平台魅力不减。于是，易趣适时推出了一系列全新的交易方式，包括无底价竞标、有底价的竞标、定价出售、一口价成交等 5 种交易方式。像一些从事珠宝类商品交易的卖家就喜欢定价交易，这样来得比较爽快；像一些喜欢竞拍氛围的网友还是可以选择时间较长的拍卖。现在，以定价方式销售的商品比例不断增加，有一半的商品都是定价销售的。其中，珠宝定价出售比例为 60%，而手机类商品则有 80%~90% 是定价销售的。另外，易趣上视听产品和电脑类商品的定价率达到 40%，体育用品类商品也有 70% 使用定价。

任务 15

答：第一，D 客商城的商业经营模式：

（1）D 客模块。定制街：自己（在家或办公室）动手设计自己喜欢的产品（Design it Yourself），具有唯一性，产品有礼品、服饰、包袋、相册、图书等，定制街的漂亮模板由专业设计师设计，漂亮模板具有极强的创意性并且可以让消费者轻松简单地定制商品。

手工街：由专业和非专业手工爱好者亲手制作的作品，产品具有很强的差异性和独特的品位，产品有服饰、包袋、针织、刺绣等工艺品。

创业板：是为个性时尚类创业者提供的赚钱平台，包括免费开店、设计师贩卖创意、淘客推广产品和作者卖书等创业赚钱形式。

（2）D 客学院：与个性时尚类消费者、创业者、供应商高度分享定制、创意和手工产品制作和营销的专业知识。

第二，D 客商城的盈利模式：

虽然当前各大 C2C 网站都打免费的牌子以期待在 C2C 的竞争中寻找立足之地，但从长远来看，所有的免费策略都是在为以后的收费模式造势。D 客商城主要从

"商家入驻"、"推广商品"和"D 客轻松创业" 三大模块获取利润。

（1）交易：提成入驻 D 客定制街、手工街、创业街；免费开店，成交后交 3%~5%的佣金。

（2）推广：商品推广商品：链接推广，建分站推广；推广平台简单，收取较高佣金。

（3）轻松创业在商城内一站式选择并购买产品，即可入驻 D 客店铺；商城内轻松购物，成交佣金 3%~5%。

第三，D 客商城的支付模式：

用户对于安全支付的担心是由于交易双方是未见面交易，存在着过多的未知数。第三方支付平台的出现无疑为 C2C 网站提供了最佳支付模式 。D 客商城没有自己的支付工具，而是采用与支付宝合作的方式来完成交易。这样的支付方式对 D 客有利也有弊，大多数网民都熟悉支付宝的应用流程，方便交易；但是它具有一定的局限性，对于没有支付宝的用户而言，支付就成了最大瓶颈。而且 D 客的赔付制度还不够完善。

第四，D 客商城的配送模式：

D 客邀请物流公司为第三方支付平台用户提供特别服务和优惠价格，并制定了推荐物流服务的使用规则，是否按规则执行以最终是否完成送货为准。卖家可以应买家要求或自行选择推荐的物流公司。与 D 客合作的物流公司目前有申通、顺丰、圆通等。

第五，D 客商城的优势：

（1）D 客商城作为中国最具价值的个性商品交易平台，它强力整合个性定制、手工制作行业的买家和卖家，使供需关系得到完美的平衡。一方面，消费者既可以轻松地在 D 客商城上定制个性礼品，还可以购买独具特色的手工艺品；另一方面，D 客商城提供免费的 diy 在线定制软件，可以很好地满足用户对商品的个性化需求。专门为手工及定制品建立 C2C 交易平台，目前在国内还是首创。

（2）敢于引领，敢于创新，这就是一种大胆的实践！相信未来 D 客商城一定能够更好地推动民族手工业及个性礼品业的发展，为消费者搭建最好的个性品、手工品购买平台，为商家打开新的产品通路。

第六，D 客商城的劣势：

D 客商城的劣势在于支付系统的不完善，赔付制度的不成熟。

综上所述，目前国内 C2C 模式还处于自我完善的状态，它本身通过竞争来净化 C2C 模式中那些不合理的因素，由于市场的变幻莫测其未来的发展趋势还不能最终下结论。但是有一点是不会变的，即 C2C 要想取得突破性的进展，有两个方面必须得到调整：一是 C2C 模式本身的构架要得到完善；二是 C2C 的宏观发展环境一定要得到改善。

2011 年电子商务市场硝烟弥漫，网络渠道颠覆传统渠道的争夺战开始打响，实体经济开始与网络经济全面对接，传统消费品牌纷纷开辟网络销售渠道。电子商务将步入一个全新的爆发时代。创新赢未来，创新也是电子商务的灵魂，而 D 客商城的创新让整个行业为之震动。

项目四　B2G 电子商务

任务 16

1. 答：海关报税的平台，国税局和地税局报税的平台。

2. 答：《政府采购法》的颁布为规范各级政府采购提供了法律依据，同时也推动了政府网上采购信息系统的发展。然而，目前的政府网上采购由于没有具备法律效力的安全措施，仅仅停留在网上发布采购信息和简单的网上报价层面，整个采购流程的管理还是传统的纸质审批方式。为了规范政府采购管理，提高政府的采购效率，实现政府采购的完全网络化运行显得非常迫切。深圳政府网上采购系统为关键环节设置了预警功能，在信息传输中使用了加密措施，并通过数字证书和电子签名技术为政府采购的完全网络化提供了安全保障，这是值得学习和借鉴的。